LE COIN
DU PÂTISSIER

Photographies de **Valéry Guedès**
Stylisme de **Séverine Augé**

LE COIN DU PÂTISSIER

30
DESSERTS DE PRO
(OU PAS !)
À RÉALISER AVEC
DORIAN

LAROUSSE

MON HISTOIRE !

J'ai toujours su que je voulais devenir pâtissier. Huit mois avant de faire ma rentrée en alternance (en septembre) et avant même d'avoir mon brevet, j'avais déjà commencé les recherches pour trouver mon patron et déposé des dizaines de CV et de lettres de motivation dans toutes les pâtisserie de Tours. Malheureusement j'avais peu de retours, et uniquement des « Désolé, tu n'as que 14 ans, tu es trop jeune ; redouble ta 3e et reviens nous voir l'année prochaine ».

C'est à ce moment-là que j'ai compris que le monde du travail n'allait pas être tout simple et tout rose.

LA TOUTE PREMIÈRE MARCHE

Les semaines et les jours passent, mais toujours pas de contrat signé : je me disais qu'il allait falloir trouver une solution, et vite, car ça n'allait pas me tomber du ciel. Quelques jours plus tard, ce sont mes voisins qui m'abordaient pour me dire :

“ Dorian, dans 2 semaines il y a un concours de pâtisserie amateur au salon du chocolat de Tours, fais-le, c'est le moment de prouver ce que tu vaux ! ”

Aucune hésitation de mon côté, c'était l'occasion parfaite : même sans remporter le concours, c'est un cadre idéal pour montrer sa motivation à un éventuel futur patron. Les jours passaient, et je m'entrainais quasiment quotidiennement en testant différentes recettes.

Quand le jour J arriva, j'étais gonflé à bloc et j'avais bien fait de m'entraîner : j'ai remporté le premier prix ! Tout content, je file récupérer mon prix et je repars aussitôt déposer mon CV enrichi d'une nouvelle ligne dans la pâtisserie où je voulais absolument aller travailler : si tu es de Tours, tu connais forcément *La Chocolatière,* c'est une pâtisserie très réputée avec une belle histoire !

J'y ai donc foncé, en demandant à rencontrer le Chef pâtissier, Thiébault, pour lui expliquer mon début de parcours et lui exposer ma motivation qui, malgré ma grande timidité toujours prête à pointer son nez, était impossible à ignorer. Après plus d'une

Palm Angels

heure de discussion avec le chef et mes parents, Thiébault me donnait la chance d'intégrer son équipe. Aujourd'hui encore je le remercie de m'avoir offert cette opportunité, c'est grâce à lui que mon rêve a commencé à se mettre en marche.

MES ANNÉES D'APPRENTISSAGE

Après avoir passé mon brevet des collèges, je rentrais donc en apprentissage : nous étions en septembre 2015 et je commençais mon CAP Pâtissier en alternance à *La Chocolatière*, en suivant mes cours à Joué-Lès-Tours, au campus des Métiers et de l'artisanat.

Deux années ultra-riches qui se passèrent merveilleusement bien, et ce fût à l'issue de cette première expérience professionnelle que je décidais de créer ma page Instagram *LeCoinDuPâtissier*, pour partager les pâtisseries du Chef, mais aussi les miennes.

Mon CAP Pâtissier en poche, je décidais de partir de Tours en septembre 2017, à 16 ans, pour compléter ma formation en me lançant dans un CAP Chocolatier à Vitré chez un Meilleur Ouvrier de France Chocolatier.

« Je prenais donc mon indépendance en partant habiter seul dans une ville où je ne connaissais absolument personne : un gros changement pour moi ! »

Quelques semaines passèrent, j'apprenais la rigueur et la minutie qu'exige naturellement un MOF, mais c'est aussi là que je découvris ce qu'est la dureté de ce milieu subie par beaucoup d'ouvriers, mais surtout par les apprentis qui sont naturellement une cible plus simple et fragile, au caractère et à l'assurance moins construits.

Ne sachant pas comment faire face à ce que je subissais et sans avoir beaucoup d'expérience sur laquelle m'appuyer, j'en venais à penser que c'était peut-être un fonctionnement normal, ou du moins courant dans ce type de milieu. Les mois passèrent, le silence restait et les conditions devenaient de plus en plus pesantes. Je me disais alors que ce n'était qu'une rude période à passer, et qu'une fois cette année derrière moi je ressortirais plus grand, et surtout plus fort. Mais en parallèle, ma passion pour mon futur métier s'éteignait de jour en jour, avec l'angoisse de me réveiller un matin complètement dégouté du milieu...

Vous vous demandez peut-être pourquoi je n'en ai pas parlé pour essayer de résoudre le problème, ou pour chercher de l'aide ou du soutien parmi mes collègues ? Disons qu'au laboratoire (et je me doute que c'est souvent le cas ailleurs aussi, dans des situations similaires) tout le monde fermait les yeux, et il y avait un énorme *turn over* : je sais maintenant que c'est souvent l'un des signaux d'alarme de ce mal-être au travail. J'étais très jeune, je

n'avais pas envie de donner de mon énergie ni de mon temps à un système qui ne me convenait pas, je préférais les donner à des personnes que j'aime, alors je vivais en dehors du travail.

Juin 2018 : j'obtenais mon examen, plus heureux que jamais ! Dès septembre, euphorique à l'idée de changer de cadre et de ville, je commençais une nouvelle aventure : j'entamais mon BTM Pâtissier à Troyes. J'y ai trouvé des collègues à l'écoute et pédagogues qui me réconcilièrent avec mon métier et le milieu en général, que demander de plus ?

UN PAS EN AVANT, DEUX PAS EN ARRIÈRE

J'étais bien installé et ma formation se passait super bien, mais le calme fut de courte durée :

« 1 semaine avant mes 18 ans, sur le chemin du travail, j'apprends que le laboratoire de pâtisserie a pris feu durant la nuit »

Les pertes ne furent heureusement que matérielles, mais elles comprenaient tout mon matériel, acquis petit à petit depuis mes tout débuts quand je m'entrainais dans la cuisine de ma mère, avant même de rentrer en formation.

Dans l'incertitude la plus complète, je m'imaginais déjà que cette tragédie allait mettre en péril ma formation et que tout serait à recommencer. C'était sans compter sur mon chef, M. Caffet, qui a su garder la tête froide et trouver des solutions très rapidement en envoyant ses collaborateurs dans différents laboratoires que nos confrères pâtissiers nous prêtaient le temps que le nôtre soit reconstruit.

LA MISE À PROFIT DU CONFINEMENT

La routine reprit, et quelques semaines plus tard nous emménagions dans le nouveau laboratoire, pile à temps pour les fêtes de fin d'année ! Les mois passèrent et je commençais à préparer mon examen pour l'année suivante, afin d'être bien prêt pour le jour J. Ma routine était bien établie : de 5 h à 13 h dans le laboratoire pour le travail, et l'après-midi jusqu'à 18 h 30, voire plus, je m'entrainais, je testais mes recettes pour ma spécialités : le travail du sucre et du chocolat.

Mars 2020 arriva, j'étais plus prêt que jamais pour mon BTM : mon book était achevé, mon mémoire rédigé, j'étais dans les *starting blocks* pour passer mon examen en juin. Mais...

17 mars 2020, annonce officielle du gouvernement : la France entière est confinée. Comme tous les chefs d'entreprise du pays, M. Caffet renvoya son équipe de pâtissiers chez eux jusqu'à

nouvel ordre. Afin de ne pas rester isolé dans mon appartement, je décidais de revenir sur Tours pour passer mon confinement avec ma famille. Comme beaucoup de personnes j'étais dans l'incertitude, rempli de questions : combien de temps cela allait-il durer ? Allais-je pouvoir reprendre mes entrainements prochainement ? Comment est-ce que nos vies allaient bien pouvoir s'adapter à cette situation unique ?

UN PROJET, MON PROJET

Après quelques jours de repos (passés à faire des pâtisserie par plaisir pour le dîner), je me secouais un peu : c'était bien beau tout ça, mais qu'est-ce que j'allais faire en septembre ? J'ai toujours voulu avoir du temps, avoir la possibilité de faire une pause et réfléchir à ce que je voulais vraiment : c'était clairement le moment pour ça, il fallait que je mette à profit cette pause forcée !

“ C'est à partir de ce moment-là, précisément, que j'ai décidé de monter un projet, MON projet ! ”

Les boxs de pâtisserie, c'est une grande aventure qui a commencé minuscule. J'ai d'abord monté un business plan pour m'organiser au mieux, puis contacté un imprimeur, une graphiste et les marques pour obtenir le matériel. Elles étaient au début assez sceptiques, notamment face à mon jeune âge, et personne n'a voulu collaborer avec moi. J'avais 19 ans et aucune formation « sérieuse » pour monter une entreprise. J'ai compensé en regardant des heures et des heures de vidéos YouTube pour comprendre le fonctionnement du marketing et de la communication d'abord, puis pour me former sur les sujets des taxes, du droit, de la fiscalité...

Ma sœur m'a beaucoup aidé au quotidien durant cette période, et en parallèle je créais des pâtisseries pour mes réseaux qui décollaient doucement. J'ai constaté que les *lives* plaisaient beaucoup et j'en ai fait de plus en plus, parfois avec des personnalités comme Delphine Wespiser (Miss France 2012) et Sandrine Quetier, tous les mercredis. Parfois, le confinement me manque juste pour ces moments-là !

Il a ensuite fallu que je travaille sur le développement de ma boutique en ligne, un process et une méthodologie que je n'avais jamais vus en cours et pour lesquels je n'avais aucune expérience. Je me suis donc renseigné sur des forums, sur YouTube, à droite à gauche, et je suis tombé sur Benjamin, qui a répondu à énormément de mes questions et qui aujourd'hui s'occupe de toutes mes pubs avec son agence Ben&Vic !

LES DÉBUT DES BOXS

Alors que je commençais à bien savoir de quoi je parlais, j'entamais le sourcing des produits qui seraient fournis dans ma box. Malheureusement, après des dizaines et des dizaines de mails envoyés à de très nombreux fournisseurs, je n'ai convaincu personne de me suivre dans l'aventure. Mais pour moi, c'était impossible d'abandonner. Alors en septembre 2020, je suis allé acheter moi-même mes produits dans des magasins de pâtisserie professionnelle, ce qui signifiait que mon prix d'achat était très élevé, à un tel point que j'étais déficitaire : la vente de ces premières boxs ne couvrait pas les frais engagés. Mais je savais que ce projet allait fonctionner, et qu'il fallait que je reste motivé !

Quelques mois plus tard, j'atteignais la barre symbolique des 100 abonnements, ce seuil de crédibilité qui fait que les marques revinrent vers moi et voulaient à présent discuter de mon projet et travailler avec moi ! Le projet n'en était plus un, il était devenu un produit concret, et je faisais tout moi-même depuis chez moi : commande et réception des ustensiles et produits, conception des recettes, création de vidéos, montage physique des boxs, marketing, réalisation des livrets, assemblage et expédition, réseaux sociaux, SAV, tout tout tout ! Je ne sortais plus, je ne voyais plus le jour, mais j'avais réussi !

En janvier 2021, afin de me dégager du temps, j'ai pu embaucher ma mère à temps plein pour qu'elle m'épaule sur différentes missions. Les mois passaient et les boxs gagnaient en succès, on m'en commandait de plus en plus. En parallèle, j'avais pu reprendre un peu d'activité en réalisant des prestations pour différents événements afin de développer ma communauté sur les réseaux et faire connaître mes boxs de pâtisserie au plus grand nombre !

LE BOUT D'UN CHEMIN, ET LE DÉBUT DE NOMBREUX AUTRES !

Aujourd'hui, j'essaie de mélanger voyage et pâtisserie afin de trouver des nouvelles idées et de toujours innover. J'ai eu la chance en mars 2022 de pouvoir partir au Sénégal et de partager mon amour de la pâtisserie et mes connaissances avec les locaux, pour apprendre à cuisiner ensemble et élaborer des recettes avec des produits fraîchement cueillis du jardin. Comme on dit, ce sont les voyages qui forment la jeunesse !

Nous sommes à présent en juillet 2022, et je suis partagé entre deux superbes projets : d'abord celui que vous tenez entre vos mains, mon premier livre ! Une nouvelle expérience, un nouveau projet, un nouveau monde que j'ai découvert au cours de son élaboration et des personnes rencontrées sur le chemin. Ensuite, un voyage humanitaire au Tchad dans le cadre de la lutte contre la sous-nutrition, et j'espère avoir la chance de pouvoir continuer à m'épanouir dans ces deux univers : partager avec vous mes recettes préférées, et voyager en me rendant utile, en partageant ma passion et en faisant avancer les choses !

DORIAN

SOMMAIRE

EASY

POUR 18 MADELEINES
PRÉPARATION : 35 MIN
REPOS : 1 H 10
CUISSON : 8 MIN PAR FOURNÉE

MADELEINES FOURRÉES

BISCUIT À MADELEINES

- **120 g d'œufs (2 gros œufs)**
- **85 g de sucre**
- **10 g de miel**
- **125 g de farine**
- **6 g de levure chimique**
- **90 g de beurre fondu**

PÂTE À TARTINER AU PRALINÉ

- **Voir p. 58**

MATÉRIEL SPÉCIFIQUE

◊ 1 plaque à madeleines
◊ Poche à douille (unie)

1 Fouettez les œufs avec le sucre et le miel jusqu'à ce que le mélange blanchisse.

2 Incorporez délicatement la farine et la levure tamisées, puis le beurre. Laissez reposer la pâte au moins 1 h au réfrigérateur.

3 Remplissez les empreintes à madeleines aux trois quarts, puis placez 10 min au réfrigérateur afin que la plaque soit bien froide et provoque un choc thermique. Préchauffez le four à 190 °C.

4 Enfournez pour 7 à 8 min, puis laissez refroidir sur une grille. Recommencez pour la seconde fournée.

5 Transvasez la pâte à tartiner dans une poche à douille unie, puis garnissez-en les madeleines par le dessous (a).

#CONSEIL **Si vous souhaitez des madeleines marbrées, comme sur la photo, séparez la pâte en deux avant le repos et ajoutez 25 g de cacao en poudre non sucré dans une moitié de pâte.**

(a)

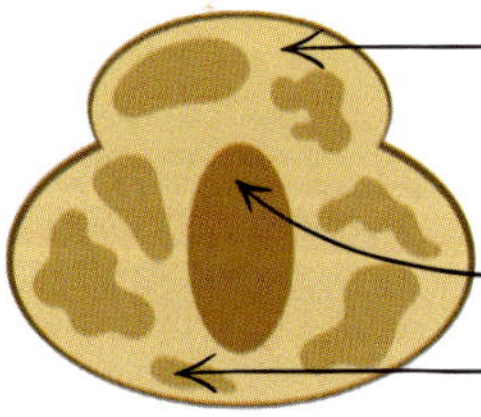

« 9 personnes sur 10 aiment les gâteaux, la dixième ment. »

POUR 16 COOKIES
PRÉPARATION : 20 MIN
REPOS : 50 MIN
CUISSON : 11 MIN PAR FOURNÉE

COOKIES
MOELLEUX

- **150 g de beurre à température ambiante**
- **120 g de sucre muscovado**
- **50 g de sucre**
- **3 g de fleur de sel**
- **1 œuf**
- **225 g de farine**
- **2 g de levure chimique**
- **210 g de pépites de chocolat noir ou au lait**

1 Mélangez le beurre, les sucres et la fleur de sel, puis ajoutez l'œuf.

2 Incorporez la farine et la levure tamisées. Une fois que la pâte est homogène, ajoutez les pépites de chocolat. Laissez reposer 30 min au frais.

3 Formez 16 boules de 45 g puis aplatissez-les légèrement. Déposez-les sur une plaque recouverte de papier cuisson et placez la plaque 20 min au congélateur.

4 Préchauffez le four à 180 °C. Sortez la plaque du congélateur et enfournez-la immédiatement pour 11 min. Recommencez pour la seconde fournée.

#CONSEIL **Pour former les boules, vous pouvez vous aider d'une cuillère à glace. Une fois cuits, retirez les cookies de la plaque chaude afin de stopper la cuisson et de garder leur petit côté croustillant et moelleux.**

« L'obstination est le chemin de la réussite. »

POUR 16 PANCAKES
PRÉPARATION : 20 MIN
REPOS : 1 H
CUISSON : 2 MIN PAR PANCAKE

PANCAKES

- 60 g de sucre
- 250 g de farine
- 11 g de levure chimique
- 230 g de lait entier
- 2 œufs
- 70 g de beurre fondu

1 Mélangez le sucre, la farine et la levure dans un saladier.

2 Incorporez le lait et les œufs, puis ajoutez le beurre lorsque la pâte est bien homogène. Laissez reposer 1 h au réfrigérateur.

3 Faites cuire les pancakes un par un, 1 min sur chaque face, dans une poêle bien chaude et graissée. Vous pouvez les retourner dès que des petites bulles se forment à la surface.

#CONSEIL Si vous avez des grumeaux, n'hésitez pas à mixer la pâte.

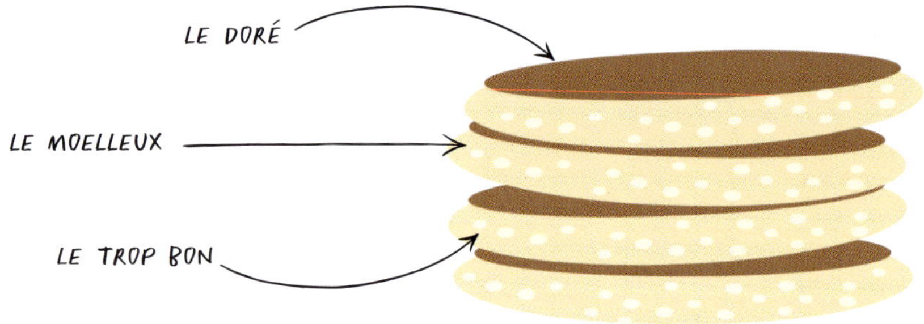

« Je suis gourmand : j'ai toujours faim [illegible] réussite ! »

POUR 6 FLANS
PRÉPARATION : 20 MIN
CUISSON : 30 MIN

FLANS RENVERSÉS
AU CARAMEL

CARAMEL COULANT

- 2 c. à soupe d'eau
- 100 g de sucre

FLANS À LA VANILLE

- 500 g de lait entier
- 1 gousse de vanille
- 100 g de sucre
- 200 g d'œufs (4 œufs)

MATÉRIEL SPÉCIFIQUE

◊ 6 ramequins

#CONSEIL Une fois les flans bien froids, passez une lame de couteau fine sur les bords, puis démoulez.Ne démoulez surtout pas à chaud, les flans risqueraient de retomber.

1 Préparez le caramel : dans une casserole, versez l'eau, puis le sucre. Faites cuire à feux doux jusqu'à obtenir un caramel blond-brun clair, comptez environ 5 min. Vous pouvez mélanger avec une spatule en bois, mais très peu sinon le caramel risque de se solidifier et former une masse.

2 Versez 0,5 cm de caramel dans le fond de chacun des ramequins, de manière à ne plus en voir le fond. Laissez reposer de côté le temps de préparer le reste de la recette.

3 Préchauffez le four à 180 °C. Préparez les flans à la vanille : dans une casserole, faites chauffer le lait avec la gousse de vanille fendue en deux et grattée.

4 Dans un saladier, fouettez le sucre avec les œufs jusqu'à ce que le mélange blanchisse. Une fois le lait bouillant, retirez la gousse et versez-le sur le mélange d'œufs, puis fouettez bien.

5 Filtrez le mélange obtenu de manière à ne pas avoir de morceaux de sucre ni d'œufs cuits, puis remplissez les ramequins aux trois quarts.

6 Placez-les dans un grand plat à demi rempli d'eau et enfournez pour 30 min. Les flans sont cuits lorsque le centre n'est plus liquide. Réservez au réfrigérateur et retournez dans des assiettes à dessert au moment de servir.

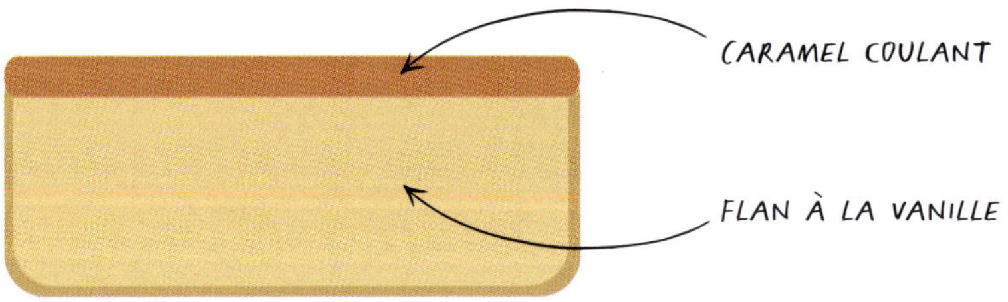

“ **Parfois, tu ne connais pas le goût des bonnes choses jusqu’à ce qu’il devienne un souvenir.** ”

Ça passe crème !

La crème, c'est l'élément qui va donner à une pâtisserie sa texture, son goût, son visuel, ainsi que sa légèreté (ou pas) ! C'est également grâce à elle qu'on peut les décorer pour leur donner une forme différente et originale et réinventer une recette à l'infini !

> « La crème est pour moi un des composants les plus importants d'une pâtisserie. »

C'est, entre autres, à travers le pochage des crèmes que le pâtissier exprime sa créativité et laisse sa patte, sa signature !

Quand ça concerne les crèmes de mes gâteaux, je suis comme tout le monde : j'ai mes petites préférences ! Ceux qui me connaissent un peu savent déjà qu'on retrouve souvent des variations autour d'une même thématique. Pour tous les autres, suivez le guide !

Number ONE : la crème diplomate (à la vanille, au chocolat, au citron…)

Composée d'une crème pâtissière et de crème montée, je l'adore pour son goût et sa légèreté. Je l'utilise souvent pour des entremets d'été tels que les fraisiers ou les charlottes. Astuce bonus : elle fonctionne également pour les Paris-Brest, si vous souhaitez alléger un peu la recette ! L'avantage, c'est que c'est une crème qui se poche, elle tiendra donc toutes les formes que vous voudrez lui donner. Légère, avec une belle texture, on peut l'aromatiser à toutes les saveurs !

Dans ce livre, vous pouvez retrouver de la crème diplomate dans :

- le fraisier 2.0 (voir p. 66)
- les macarons framboise-citron (voir p. 108)
- la charlotte passion (voir p. 128)

Number TWO : la ganache montée (à ce que vous voulez !)

Composée de crème fraîche liquide et de chocolat, je l'adore pour sa texture qui permet de réaliser n'importe quel pochage. Elle est également super simple et rapide à réaliser ! Personnellement, ma préférée est la ganache montée à la pistache (rendez-vous p. 46 !), avec de la pâte de pistache de Sicile, tout simplement une tuerie ! Elle casse ce côté gras et sucré que l'on peut retrouver dans une ganache montée traditionnelle.

Dans ce livre, vous pouvez retrouver de la ganache montée dans :

- le moelleux à la vanille et aux fruits rouges (voir p. 36)
- le moelleux à la pistache (voir p. 46)
- le brownie gourmand 100 % chocolat (voir p. 48)
- la tarte à la vanille et aux fruits rouges (voir p. 72)
- les tartelettes au chocolat et au caramel (voir p. 76)
- l'entremets full chocolat (voir p. 134)
- le roulé à la pêche (voir p. 140)

Number THREE and FOUR (par la force des choses) : la crème pâtissière et la crème montée

Si vous avez bien suivi, vous savez qu'elles font partie de ce classement car elles entrent dans la composition de ma Number ONE. La première est un mélange de jaunes d'œufs, de lait, de sucre, de farine et de vanille. Elle peut être utilisée telle quelle (pour garnir des choux, par exemple) ou en guise de base pour une autre préparation. La seconde est on ne peut plus simple : c'est une crème fraîche fouettée jusqu'à ce qu'elle double de volume. Vous la connaissez en version sucrée : c'est la crème Chantilly ! Elle peut s'utiliser telle quelle, ou servir de base à une autre préparation.

POUR 8 PERSONNES
PRÉPARATION : 20 MIN
REPOS : 45 MIN

SAUCISSON
AU CHOCOLAT

- 4 jaunes d'œufs
- 90 g de sucre
- 120 g de beurre fondu
- 70 g de cacao en poudre non sucré
- 220 g de biscuits type petit beurre
- Sucre glace

1 Fouettez les jaunes d'œufs avec le sucre, puis incorporez le beurre.

2 Une fois le mélange bien homogène, ajoutez le cacao, puis les biscuits concassés et mélangez.

3 Étalez un film alimentaire sur le plan de travail, puis versez la pâte dessus. Enroulez le film de manière à former un saucisson et serrez bien pour qu'il soit bien compact. Placez-le au moins 45 min au réfrigérateur.

4 Une fois le saucisson bien cristallisé, roulez-le dans du sucre glace pour le rendre plus vrai que nature.

#CONSEIL **Sortez le saucisson du réfrigérateur 15 min avant de le trancher afin que la découpe soit bien nette, sans miettes.**

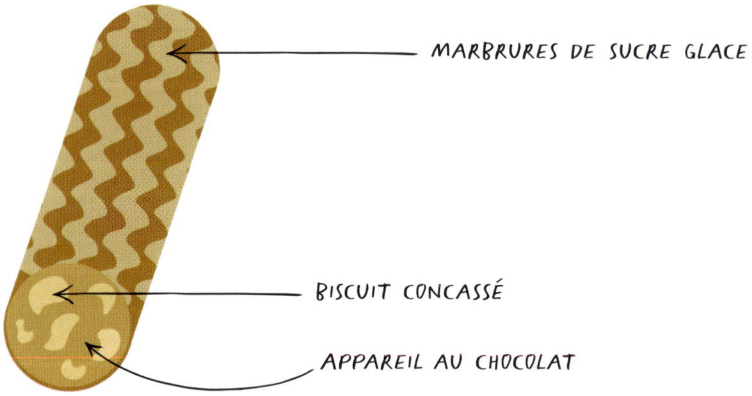

“ Ainsi, l’art de la pâtisserie, tout éphémère qu’il soit, dépasse de loin le plaisir de manger. Les cinq sens se combinent pour apporter cette touche subtile que le rustaud ne saura saisir. ”

POUR 12 CANNELÉS
PRÉPARATION : 30 MIN
REPOS : 1 À 2 JOURS
CUISSON : 55 MIN

CANNELÉS À LA VANILLE

- 250 g de lait entier
- ½ gousse de vanille
- 40 g de jaunes d'œufs (2 jaunes)
- 30 g de blanc d'œuf (1 blanc)
- 125 g de sucre
- 25 g de beurre fondu
- 60 g de farine
- 10 g de rhum ambré

MATÉRIEL SPÉCIFIQUE

◊ 12 moules à cannelé

1 La veille ou l'avant-veille, faites bouillir le lait, puis faites-y infuser la gousse de vanille fendue en deux et grattée.

2 Fouettez les jaunes d'œufs et le blanc avec le sucre jusqu'à ce que le mélange blanchisse.

3 Retirez la gousse du lait et versez-le sur le mélange précédent. Incorporez le beurre, puis la farine tamisée.

4 Une fois le tout bien homogène, ajoutez le rhum ambré, puis laissez reposer 1 à 2 jours au réfrigérateur.

5 Le jour même, préchauffez le four à 160 °C en chaleur ventilée, puis versez la pâte dans 12 moules à cannelé et enfournez pour 55 min.

#CONSEIL **Environ 10 min avant la fin de la cuisson, retirez les cannelés de leurs moules afin qu'ils puissent cuire bien régulièrement. Attention, les moules sont brûlants !**

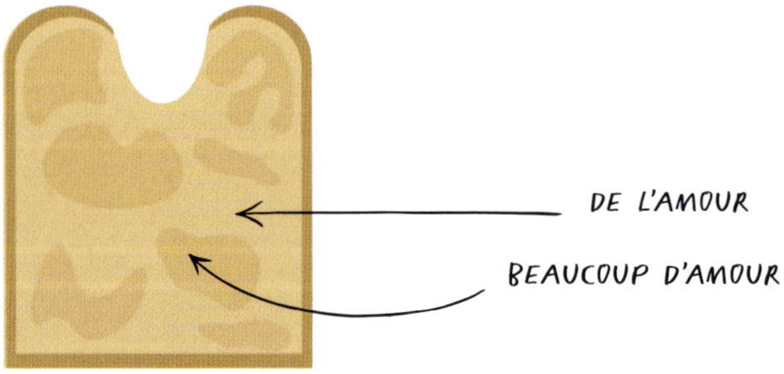

« Tout ce qui en vaut la peine mérite de la patience. »

POUR 6 À 8 PERSONNES
PRÉPARATION : 20 MIN
CUISSON : 45 MIN

CLAFOUTIS
POIRE-CHOCOLAT

- 450 g de poires
- 300 g de lait concentré non sucré
- 5 œufs
- 30 g de sucre
- 90 g de farine
- 160 g de beurre fondu
- 100 g de pépites de chocolat

MATÉRIEL SPÉCIFIQUE

◊ 1 moule rectangulaire (20 x 12 cm)

1 Préchauffez le four à 180 °C et beurrez le moule.

2 Pelez et coupez les poires en cubes. Dans une casserole, portez le lait concentré à petite ébullition.

3 Dans un saladier, mélangez les œufs, le sucre, la farine, le lait concentré chaud, puis le beurre.

4 Dans le fond du moule, éparpillez un tiers des pépites de chocolat et des cubes de poire, puis versez la moitié de la préparation. Saupoudrez de la moitié du reste de chocolat et de poires, versez le reste de la préparation, puis le chocolat et les poires restantes pour que ces derniers restent à la surface. Enfournez pour 40 à 45 min.

#CONSEIL **Lorsque le clafoutis sort du four, rajoutez des pépites de chocolat afin qu'elles fondent pour encore plus de gourmandise.**

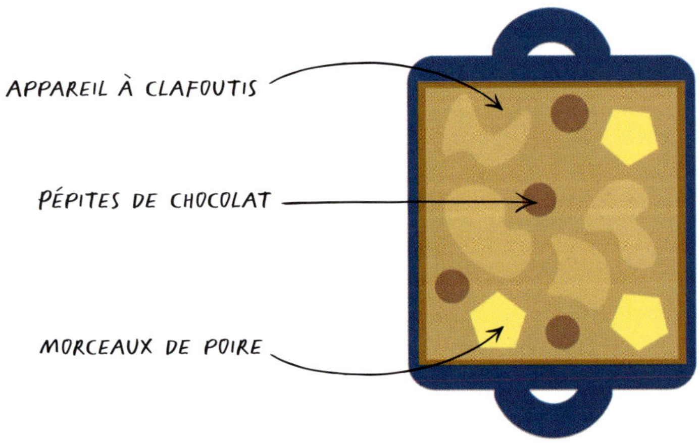

> “ **La bonne pâtisserie, c’est le sourire.** ”

POUR 8 PERSONNES
PRÉPARATION : 2 H
CUISSON : 25 MIN
REPOS : 1 NUIT
CONGÉLATION : 15 MIN

MOELLEUX À LA VANILLE ET AUX FRUITS ROUGES

- 100 g de fraises
- 50 g de framboises
- Sucre glace

BISCUIT À LA VANILLE

- 125 g de beurre
- 110 g de cassonade
- ½ c. à café de vanille en poudre
- 3 jaunes d'œufs
- 3 blancs d'œufs
- 25 g de sucre
- 125 g de farine
- 2 g de levure chimique

INSERT À LA FRAISE

- 400 g de fraises
- 40 g de sucre
- 6 g d'agar-agar

GANACHE À LA VANILLE

- 400 g de crème liquide à 30 % de MG
- 1 gousse de vanille
- 180 g de chocolat blanc
- 1 feuille de gélatine (2 g)

MATÉRIEL SPÉCIFIQUE

◊ 1 moule à manqué (ø 18 cm)
◊ Poches à douilles (unies)
◊ Thermomètre

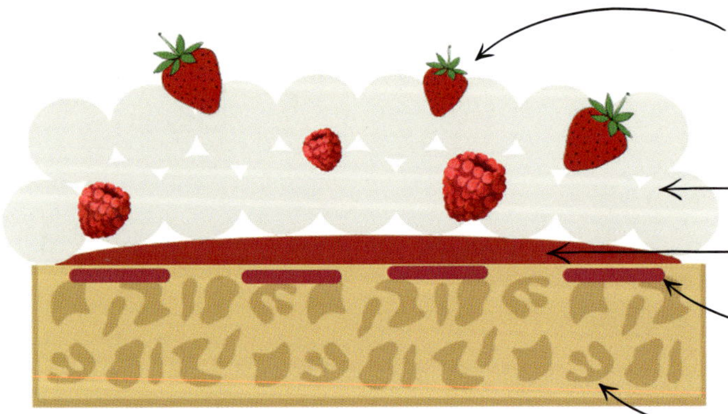

« Le succès n'est pas
la clef du bonheur,
le bonheur est la clef
du succès. Si vous aimez
ce que vous faites,
vous réussirez. »

1 La veille, préparez le biscuit à la vanille : fouettez le beurre avec la cassonade et la vanille, puis incorporez les jaunes d'œufs.

2 Montez les blancs en neige avec le sucre, puis incorporez-les délicatement au mélange précédent. Tamisez la farine et la levure et incorporez-les délicatement.

3 Préchauffez le four à 165 °C, disposez quelques fraises coupées en deux au fond du moule et versez la pâte par-dessus. Enfournez pour 15 à 20 min. Laissez refroidir.

4 Préparez l'insert à la fraise : mixez les fraises, puis faites chauffer la purée obtenue dans une casserole.

5 Ajoutez le sucre, puis l'agar-agar en pluie tout en fouettant. Faites bouillir 5 min, puis réservez au réfrigérateur.

6 Préparez la ganache à la vanille : faites chauffer la moitié de la crème avec la gousse de vanille fendue en deux et grattée. Versez le tout sur le chocolat haché, retirez la gousse de vanille, ajoutez la gélatine réhydratée et essorée, puis mixez.

7 Ajoutez le reste de la crème froide, puis mixez de nouveau. Filmez au contact et réservez au moins 1 nuit au réfrigérateur.

8 Le jour même, procédez au montage : montez la ganache au fouet jusqu'à ce qu'elle se tienne et soit lisse et brillante. Transvasez-la dans une poche à douille unie, puis pochez-la sur le pourtour du gâteau, en deux rangs collés **a**. Étalez l'insert à la fraise au milieu **b**, puis recouvrez de ganache **c** **d**, et placez-le 15 min au congélateur afin que l'insert fige.

9 Au moment de servir, disposez des fruits frais pour décorer le gâteau **e**.

#CONSEIL **Il est possible de faire cette recette avec n'importe quel fruit de saison possibles.**

FLAN PÂTISSIER
À LA VANILLE

POUR 8 PERSONNES
PRÉPARATION : 30 MIN
REPOS : 1 H 15
CUISSON : 1 H 05

PÂTE BRISÉE

- **190 g de beurre à température ambiante**
- **250 g de farine**
- **15 g de sucre**
- **1 jaune d'œuf**
- **7 g de sel**
- **50 g d'eau**

CRÈME À FLAN

- **1 gousse de vanille**
- **750 g de lait entier**
- **250 g de crème liquide à 30 % de MG**
- **150 g d'œufs (3 petits œufs)**
- **60 g de jaunes d'œufs (3 jaunes)**
- **180 g de sucre**
- **80 g de fécule de maïs**

MATÉRIEL SPÉCIFIQUE

◊ 1 cercle à pâtisserie (ø 20 cm, H 4,5 cm)
◊ Billes de cuisson

1 Préparez la pâte brisée : mélangez le beurre, la farine, le sucre, le jaune d'œuf et le sel jusqu'à obtenir une pâte friable. Ajoutez l'eau, puis mélangez. Une fois la pâte bien homogène, filmez-la, puis réservez au moins 30 min au frais.

2 Préchauffez le four à 180 °C. Étalez la pâte sur 0,5 cm, puis découpez-y un disque de la taille du cercle et des bandes de 4,5 cm de largeur. Foncez le cercle posé sur une plaque tapissée de papier cuisson, recouvrez le fond de papier cuisson puis lestez la pâte de billes de cuisson et enfournez pour 20 min. Si la pâte commence à colorer, c'est que la cuisson est bonne.

3 Préparez la crème à flan : faites chauffer le lait et la crème avec la gousse de vanille fendue en deux et grattée.

4 Fouettez les œufs et les jaunes avec le sucre jusqu'à ce que le mélange blanchisse, puis ajoutez la fécule. Transvaser dans une casserole et faites cuire le tout à feu moyen, 2 min à partir du moment où le mélange bout. Hors du feu, ajoutez le mélange lait-crème bouillant, retirez la gousse et mélangez.

5 Versez la crème sur la pâte précuite et laissez croûter 45 min à température ambiante.

6 Préchauffez le four à 170 °C et enfournez pour 40 à 45 min.

#CONSEIL Pour avoir une belle croûte brillante, vous pouvez ajouter du nappage ou de la confiture d'abricot. Saupoudrez de sucre glace avant de servir.

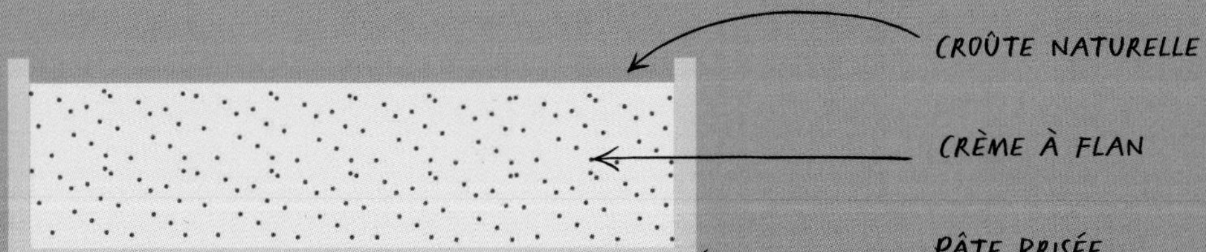

« Il n'y a pas de bonne pâtisserie si, au départ, elle n'est pas faite par amitié pour celui ou celle à qui elle est destinée. »

Chocolate addict

Ici on ne va pas tourner autour du pot : mon chocolat préféré est sans aucun doute possible le chocolat noir originaire de Sao Tomé, au large du Gabon. J'adore son côté deux-en-un : il est floral et, en même temps, on y retrouve vraiment les saveurs un peu « brutes » du chocolat noir.

“ La dégustation du chocolat, ça n'est pas seulement le moment où on le mange, mais aussi le « après » : ce qu'il laisse en bouche, sa longévité, ce qu'il nous rappelle et ce qu'il nous évoque ! ”

Pour revenir à nos moutons, dans les pâtisseries je préconise toujours d'utiliser du chocolat noir. Il est moins sucré que le chocolat au lait et, surtout, il a beaucoup plus de caractère et marquera beaucoup plus votre préparation de son empreinte gustative, sans la rendre écœurante.

POUR 8 MOELLEUX
PRÉPARATION : 45 MIN
CUISSON : 20 MIN
RÉFRIGÉRATION : 1 NUIT

MOELLEUX À LA PISTACHE

- 40 g de pistaches hachées

CAKE À LA PISTACHE

- 270 g de pâte d'amande
- 3 œufs
- 90 g de beurre fondu
- 50 g de pâte ou de praliné de pistache
- 60 g de farine
- 5 g de levure chimique

PRALINÉ À LA PISTACHE

- 200 g de pistaches hachées
- 50 g d'amandes hachées
- 20 g d'eau
- 190 g de sucre

GANACHE À LA PISTACHE

- 200 g de crème liquide à 30 % de MG
- 90 g de chocolat blanc
- ½ feuille de gélatine (1 g)
- 20 g de pâte ou de praliné de pistache

MATÉRIEL SPÉCIFIQUE

◊ 1 moule carré (20 cm de côté)
◊ Couteau à dents de scie
◊ Poches à douilles (unies)
◊ Cuillère parisienne

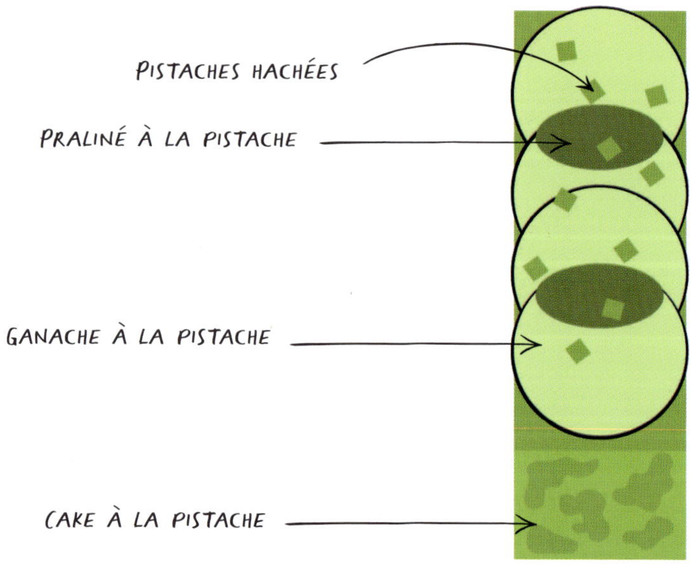

1 La veille, préchauffez le four à 170 °C et chemisez le moule de papier cuisson. Préparez le cake à la pistache : faites tiédir la pâte d'amande au micro-ondes, puis fouettez les œufs avec la pâte d'amande.

2 Une fois le mélange monté, incorporez délicatement le beurre et la pâte de pistache, puis la farine et la levure tamisées en pluie. Versez la pâte dans le moule et enfournez pour environ 20 min.

3 Sortez le moelleux et baissez la température du four à 150 °C. Préparez le praliné à la pistache : torréfiez les pistaches et les amandes au four pendant 15 min. Préparez un caramel : dans une casserole, versez l'eau, puis le sucre. Faites cuire à feux doux jusqu'à obtenir un caramel blond-brun clair, comptez environ 5 min. Vous pouvez mélanger avec une spatule en bois, mais très peu sinon le caramel risque de se solidifier et former une masse.

4 Ajoutez-y les fruits secs torréfiés et mélangez pour bien les enrober de caramel. Débarrassez sur une feuille de papier cuisson, puis mixez-le tout une fois le mélange refroidi. Réservez au frais dans une poche à douille.

5 Préparez la ganache à la pistache : faites chauffer la moitié de la crème, puis versez-la sur le chocolat. Ajoutez la gélatine réhydratée et essorée, puis mixez.

6 Ajoutez la pâte de pistache et le reste de la crème froide, puis mixez de nouveau. Filmez au contact et réservez au moins 1 nuit au réfrigérateur.

7 Le jour même, procédez au montage : coupez des bandes de 3 x 10 cm dans le cake à l'aide du couteau à dents de scie. Montez la ganache au batteur, transférez-la dans une poche à douille unie puis pochez-en des boules sur les moelleux (a).

8 À l'aide d'une cuillère parisienne légèrement chauffée, creusez une boule de ganache pochée sur deux de manière à créer une cavité (b).

9 Remplissez les cavités de praliné (c), puis décorez les petits moelleux de pistaches concassées (d).

#CONSEIL **De façon à avoir une ganache bien lisse et brillante, finissez de la monter à la main, ce qui évitera les mauvaises surprises.**

“ La plus grande erreur que vous puissiez faire dans la vie, c'est d'avoir peur de faire des erreurs. Alors foncez. ”

a
b
c
d

BROWNIE GOURMAND
100 % CHOCOLAT

\# POUR 8 BROWNIES
\# PRÉPARATION : 45 MIN
\# CUISSON : 15 MIN
\# RÉFRIGÉRATION : 1 NUIT

BROWNIE

- 125 g de chocolat noir à 70 % de cacao
- 225 g de beurre
- 180 g d'œufs (3 gros œufs)
- 180 g de sucre muscovado
- 75 g de sucre
- 60 g de farine
- 20 g de cacao en poudre non sucré
- 3 g de sel

GANACHE AU CHOCOLAT

- 400 g de crème liquide à 30 % de MG
- 180 g de chocolat noir à 70 % haché

MATÉRIEL SPÉCIFIQUE

◊ 1 moule carré (15 cm de côté)
◊ Poches à douilles (unie, cannelée)

1 La veille, préparez le brownie : faites fondre le chocolat avec le beurre.

2 Fouettez les œufs avec les sucres. Incorporez le mélange chocolat-beurre, puis ajoutez la farine et le cacao tamisés, le sel et mélangez de nouveau.

3 Préchauffez le four à 180 °C. Chemisez le fond du moule avec une feuille de papier cuisson, puis versez-y la pâte et enfournez pour 15 min. Laissez refroidir et réservez au réfrigérateur.

4 Préparez la ganache au chocolat : faites chauffer la moitié de la crème, versez-la sur le chocolat puis mixez. Ajoutez le reste de la crème froide, puis mixez de nouveau. Filmez au contact et réservez la ganache au moins 1 nuit au réfrigérateur.

5 Le jour même, dressez le gâteau : parez les bords du gâteau pour avoir des bords propres, puis coupez le brownie en 16 petits cubes de 1 cm de côté et 8 rectangles de 12 x 2,5 cm.

6 Dans la cuve d'un robot muni du fouet, fouettez la ganache jusqu'à ce qu'elle soit montée, lisse et brillante, puis transvasez-la dans deux poches à douilles (unie et cannelée).

7 Pochez 4 petits dômes sur chaque brownie en alternant les douilles **a**. Décorez avec les cubes de brownie **b**.

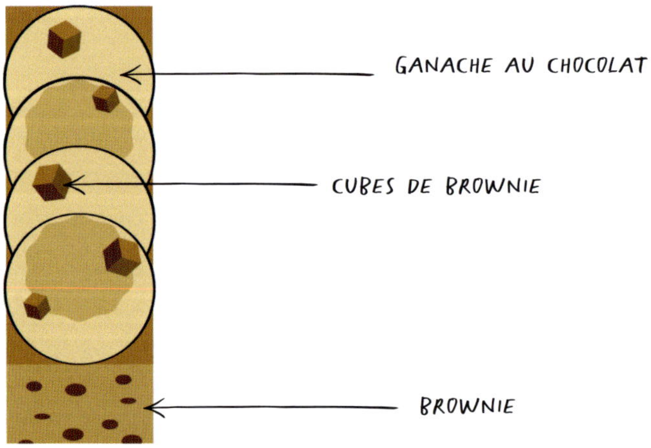

a

b

“ **Le bonheur est la seul chose qui se multiplie quand on le partage.** ”

SABLÉS
À LA FRAMBOISE

POUR 8 SABLÉS
PRÉPARATION : 1 H 30
REPOS : 13 H
CUISSON : 27 MIN

- **250 g de framboises**
- **Sucre glace**

PÂTE À SABLÉS BRETONS

- **60 g de jaunes d'œufs (3 jaunes)**
- **120 g de sucre**
- **150 g de beurre à température ambiante**
- **200 g de farine**
- **10 g de levure chimique**
- **4 g de sel**

INSERT À LA FRAMBOISE

- **300 g de framboises**
- **30 g de sucre**
- **5 g d'agar-agar**

GANACHE À LA VANILLE

- **200 g de crème liquide à 30 % de MG**
- **½ gousse de vanille**
- **90 g de chocolat blanc haché**
- **½ feuille de gélatine (1 g)**

MATÉRIEL SPÉCIFIQUE

◊ 1 cercle à pâtisserie (ø 8 cm)
◊ Thermomètre
◊ Poche à douille (cannelée)

1 La veille préparez la pâte à sablés bretons : fouettez les jaunes d'œufs avec le sucre jusqu'à ce que le mélange blanchisse. Ajoutez le beurre, puis mélangez avec la feuille du batteur (ou à la main avec une Maryse, il ne faut pas faire fondre le beurre). Une fois le beurre amalgamé, incorporez les poudres.

2 Dès que le mélange forme une pâte, finissez à la main pour éviter que la pâte devienne trop élastique et perde son côté friable. Filmez-la dans un saladier et placez 1 h au frais.

3 Préchauffez le four à 210 °C, chaleur tournante. Une fois la pâte refroidie, étalez-la sur 0,5 à 1 cm puis détaillez-y 8 disques à l'aide du cercle. Déposez-les sur une plaque recouverte de papier cuisson et enfournez pour 11 à 12 min.

4 Préparez l'insert à la framboise : faites confire les framboises à sec dans une casserole jusqu'à obtenir une purée, environ 10 min. Quand la préparation atteint 50 °C, ajoutez le sucre et l'agar-agar en fouettant. Faites bouillir 5 min afin d'extraire le maximum d'humidité. Réservez.

5 Préparez la ganache à la vanille : faites chauffer la moitié de la crème avec la gousse de vanille fendue en deux et grattée, puis retirez-la et versez le tout sur le chocolat. Ajoutez la gélatine réhydratée et essorée, puis mixez. Ajoutez le reste de la crème froide, puis mixez de nouveau. Transvasez dans une poche à douille cannelée et réservez au moins 1 nuit au réfrigérateur.

6 Le jour même, procédez au montage : saupoudrez chaque sablé de sucre glace. Couvrez le fond d'insert à la framboise et garnissez le pourtour de framboises fraîches. Pochez une rosace de ganache au centre.

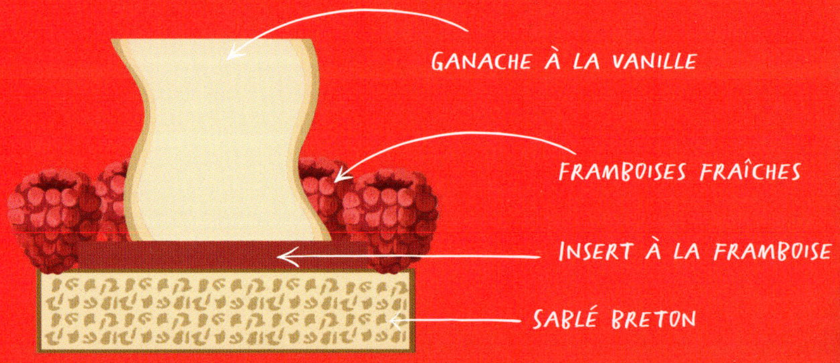

« Pâtisser, c'est l'art le plus beau et le plus complet. Il engage nos cinq sens, plus le besoin de donner le meilleur de nous-mêmes. »

#CONSEIL Pour que les sablés ne ramollissent pas, dégustez-les aussitôt ! Si vous n'avez pas le temps d'attendre que la ganache repose, montez-la dès qu'elle est suffisamment froide.

POUR 3 POTS
PRÉPARATION : 25 MIN
CUISSON : 15 MIN
RÉFRIGÉRATION : 1 NUIT

PÂTE À TARTINER
AU CARAMEL

- 15 g de glucose
- 180 g de sucre
- 300 g de crème liquide à 30 % de MG
- 70 g de beurre

1 Faites chauffer le glucose dans une grande casserole, puis ajoutez-y le sucre et réalisez un caramel brun (voir p. 22).

2 Faites chauffer la crème puis, tout en fouettant doucement, versez-la sur le caramel en 3 fois afin qu'il n'y ait pas un trop gros écart de température.

3 Décuisez le caramel à 108 °C en poursuivant la cuisson tout en remuant pour faire évaporer l'eau présente dans la crème, puis versez-le sur le beurre et mixez.

4 Filmez au contact et réservez la pâte à tartiner au moins 1 nuit au réfrigérateur.

#CONSEIL Faites attention à ne pas vous brûler lorsque vous versez la crème sur le caramel.

“ L'échec est seulement l'opportunité de recommencer d'une façon plus intelligente. ”

POUR 3 POTS
PRÉPARATION : 15 MIN
REPOS : 30 MIN
CUISSON : 15 MIN

PÂTE À TARTINER
AU PRALINÉ

- 80 g de crêpes dentelles
- 80 g de chocolat noir ou au lait

PRALINÉ MAISON

- 150 g d'amandes
- 150 g de noisettes
- 20 g d'eau
- 200 g de sucre

1 Préparez le praliné : préchauffez le four à 150 °C. Torréfiez les fruits secs pendant 15 min au four (vous pouvez choisir vos préférés : pistaches, noix, noix de macadamia, noix de pécan...).

2 Versez l'eau et le sucre dans une casserole, et faites chauffer à feu moyen-doux jusqu'à obtenir un caramel bien doré (évitez de mélanger à la cuillère, secouez légèrement la casserole si besoin).

3 Une fois les fruits secs torréfiés et le caramel blond-brun clair, versez les fruits secs dans le caramel, enrobez-les, puis versez le tout sur une plaque tapissée de papier cuisson et laissez refroidir.

4 Cassez la plaque de caramel en petits morceaux et mixez-les petit à petit pour que le mixeur ne chauffe pas et ne liquéfie pas le mélange.

5 Finalisez la pâte à tartiner : ajoutez les crêpes dentelles, et mixez à nouveau.

6 Faites fondre le chocolat, ajoutez-le au mélange, puis mixez de nouveau. Placez le tout 30 min au réfrigérateur.

#CONSEIL Avant de l'utiliser, pour une meilleure texture, faites revenir la pâte à tartiner à température ambiante.

“ Tout est possible à qui rêve, ose, travaille et n'abandonne jamais. ”

POUR 8 PERSONNES
PRÉPARATION : 15 MIN
CONGÉLATION : 2 H

SORBET
AUX FRUITS

- 2 bananes
- 250 g de framboises
- 20 g de crème liquide à 30 % de MG

1 Environ 2 h à l'avance, coupez les bananes en rondelles et placez-les au congélateur avec les framboises.

2 Une fois les fruits congelés, mixez-les avec la crème. Dégustez immédiatement.

#CONSEIL Vous pouvez réaliser ce sorbet avec presque tous les fruits : pêche, pomme, fraise, poire… Ne pas recongeler le sorbet, il est à déguster minute !

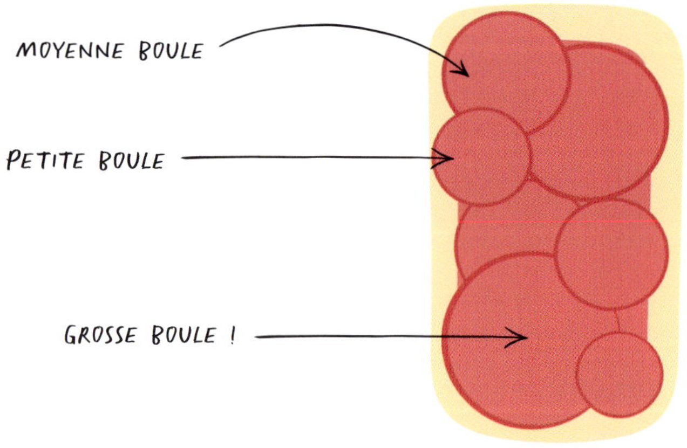

« Beaucoup de chemins mènent à la réussite, mais un seul immanquablement à l'échec, celui qui consiste à essayer de plaire à tout le monde. »

CHALLENGE

POUR 8 PERSONNES
PRÉPARATION : 2 H
CUISSON : 18 MIN
CONGÉLATION : 4 H 20

FRAISIER 2.0

- 400 g de fraises
- 20 cl de jus de fraise ou de rhum
- Nappage neutre (ou confiture d'abricot)

BISCUIT LORRAIN

- 180 g de blancs d'œufs (6 blancs)
- 180 g de sucre
- 100 g de beurre fondu
- 120 g de farine

CRÈME DIPLOMATE

- 300 g de lait entier
- 1 gousse de vanille
- 100 g de jaunes d'œufs (5 jaunes)
- 60 g de sucre
- 30 g de fécule de maïs
- 2 feuilles de gélatine (4 g)
- 320 g de crème liquide à 30 % de MG

CONFIT DE FRAISE

- 100 g de fraises
- 10 g de sucre
- 2 g d'agar-agar

MATÉRIEL SPÉCIFIQUE

◊ 1 cercle à pâtisserie (ø 22 cm, H 4,5 cm)
◊ Rhodoïd
◊ Poches à douilles (unies)

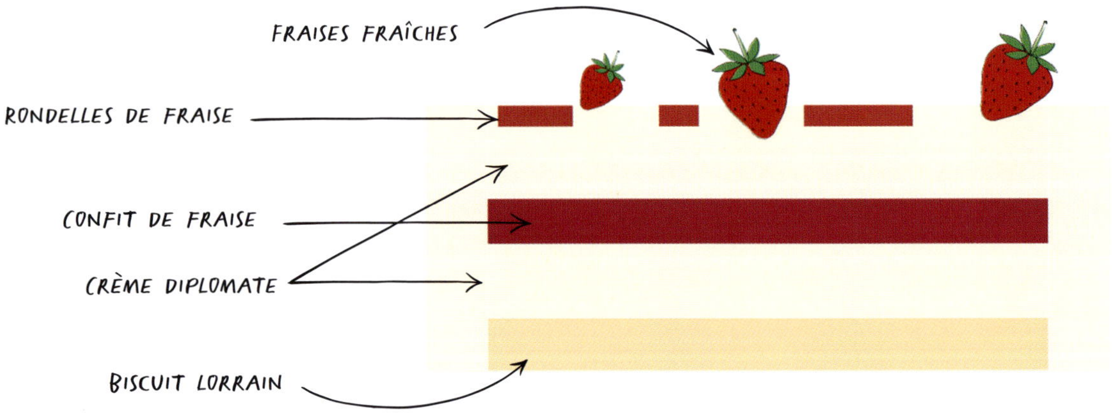

7 Tapissez le cercle de Rhodoïd et filmez-le pour lui créer un fond. Réalisez le montage à l'envers : commencez par plaquer quelques rondelles de fraises au fond ainsi que quelques pointes de confit refroidi (a).

8 Versez délicatement de la crème diplomate de manière à ne pas avoir de bulles d'air, en commençant par le contour des rondelles de fraises (b) et lisser à l'aide d'une spatule en remontant sur les bords (c). Ajoutez des fraises coupées en deux (d), puis recouvrez avec une seconde couche de crème (e) (gardez-en un peu pour le décor).

9 Imbibez le biscuit lorrain de jus de fraise ou de rhum, enfoncez-le à hauteur du cercle (f), remplissez le pourtour de crème, lissez (g), puis placez au moins 4 h au congélateur.

10 Une fois l'entremets congelé, retournez-le sur un plat, décerclez, retirez le film alimentaire et le Rhodoïd, puis ajoutez quelques fraises entières nappées à l'aide d'un pinceau et des pointes de confit de fraise (h) (i).

#CONSEIL **Afin que la fraise développe le maximum d'arômes, je vous conseille de réaliser le fraisier 1 jour avant de le déguster. Le rhum ne se sentira quasiment pas dans le fraisier, mais il permettra au biscuit de conserver son moelleux et au gâteau de ne pas être sec.**

1 Préchauffez le four à 180 °C et graissez le cercle. Préparez le biscuit lorrain : fouettez les blancs d'œufs en neige en ajoutant le sucre en 3 fois.

2 Incorporez délicatement la farine tamisée en plusieurs fois avec une Maryse, puis le beurre. Une fois le mélange bien homogène, étalez la pâte dans le cercle sur 1 cm d'épaisseur. Enfournez pour environ 18 min.

3 Préparez la crème diplomate : faites chauffer le lait avec la gousse de vanille fendue en deux et grattée. Fouettez les jaunes d'œufs avec le sucre et la fécule jusqu'à ce que le mélange blanchisse.

4 Une fois le lait bouillant, retirez la gousse, ajoutez le mélange de jaunes, puis faites cuire 3 min en fouettant bien. Hors du feu, incorporez la gélatine réhydratée et essorée. Placez la crème à la vanille 20 min au congélateur, puis au réfrigérateur.

5 Une fois la préparation à la vanille bien froide, fouettez la crème liquide en chantilly. Fouettez la crème à la vanille de manière à la détendre, puis mélangez les deux crèmes et réservez au frais dans une poche à douille unie.

6 Préparez le confit de fraise : faites compoter les fraises à feu moyen, puis ajoutez le sucre et l'agar-agar et mixez. Réservez dans une poche à douille unie.

“ La seule personne que vous êtes destiné à devenir est la personne que vous décidez d’être. ”

POUR 6 À 8 PERSONNES
PRÉPARATION : 1 H 30
REPOS : 1 NUIT + 45 MIN
CONGÉLATION : 30 MIN
CUISSON : 14 MIN

TARTE À LA VANILLE
ET AUX FRUITS ROUGES

- 100 g de fraises
- 100 g de framboises
- Sucre glace

PÂTE SUCRÉE

- 165 g de farine
- 75 g de sucre glace
- 30 g d'amandes en poudre
- 95 g de beurre à température ambiante
- 40 g d'œuf (1 petit œuf)
- 1 pincée de sel

CRÈME D'AMANDE

- 50 g de beurre à température ambiante
- 50 g de sucre en poudre
- 50 g d'amandes en poudre
- 50 g d'œuf (1 œuf)

INSERT AUX FRUITS ROUGES

- 300 g de fruits rouges (fraises et framboises)
- 30 g de sucre
- 5 g d'agar-agar

GANACHE À LA VANILLE

- 200 g de crème liquide à 30 % de MG
- ½ gousse de vanille
- 90 g de chocolat blanc haché
- ½ feuille de gélatine (1 g)

MATÉRIEL SPÉCIFIQUE

◊ 1 moule à tarte (ø 20 cm ou équivalent dans une autre forme)
◊ Poches à douilles (Saint-Honoré, unie)

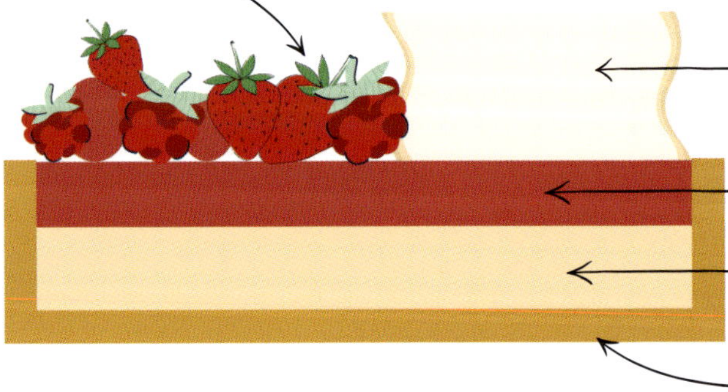

“ Il faut mettre son génie dans sa vie et son talent dans ses œuvres. ”

a

b

c

d

1 La veille, préparez la pâte sucrée : tamisez toutes les poudres séparément.

2 Dans la cuve d'un robot muni de la feuille ou à la main, mélangez le beurre avec le sucre glace. Lorsque le beurre est bien amalgamé, ajoutez les autres poudres et continuez de mélanger jusqu'à ce que la préparation ressemble à du sable, puis ajoutez l'œuf.

3 Une fois que la pâte forme une boule, arrêtez le robot. Filmez, puis réservez la pâte 45 min au réfrigérateur.

4 Reprenez la pâte et étalez-la sur 2 mm d'épaisseur. Découpez-y un disque de la taille du moule, puis des bandes de 3 cm de hauteur. Foncez le moule à tarte : tapissez les côtés avec les bandes a b, puis ajoutez le fond, soudez-le aux côtés et coupez la pâte qui dépasse c d. Placez 30 min au congélateur. Préchauffez le four à 160 °C.

5 Pendant ce temps, préparez la crème d'amande : fouettez le beurre avec le sucre jusqu'à ce que le mélange devienne mousseux. Ajoutez les amandes en poudre, puis l'œuf. Réservez au réfrigérateur.

6 Enfournez le fond de tarte pour 14 min. À mi-cuisson, étalez dessus la crème d'amande, puis poursuivez la cuisson jusqu'à ce que la pâte soit bien dorée et la crème d'amande moelleuse.

7 Préparez l'insert aux fruits rouges : mixez les fruits, puis faites chauffer la purée obtenue dans une casserole. Ajoutez le sucre, puis l'agar-agar en pluie tout en fouettant. Faites bouillir 5 min, puis réservez au réfrigérateur dans une poche à douille unie.

8 Préparez la ganache à la vanille : faites chauffer la moitié de la crème avec la gousse de vanille fendue en deux et grattée, puis versez le tout sur le chocolat, retirez la gousse et mélangez.

9 Ajoutez la gélatine réhydratée et essorée, puis mixez. Ajoutez le reste de la crème froide, puis mixez de nouveau. Filmez au contact et réservez-la au moins 1 nuit au réfrigérateur.

10 Le jour même, procédez au montage : étalez l'insert aux fruits rouges sur le fond de tarte e. Fouettez la ganache jusqu'à ce qu'elle soit bien lisse, transférez-la dans une poche à douille Saint-Honoré et recouvrez-en la moitié de la tarte f. Sur l'autre moitié, décorez de fruits frais g h. Terminez en déposant quelques billes d'insert sur la ganache i.

#CONSEIL **Afin que la ganache soit bien lisse et brillante, finissez de la monter au fouet à main.**

POUR 8 TARTELETTES
PRÉPARATION : 2 H 30
REPOS : 1 NUIT + 1 H 15
CUISSON : 14 MIN

TARTELETTES
AU CHOCOLAT ET AU CARAMEL

- 40 g de billes de chocolat

PÂTE SUCRÉE AU CACAO

- 165 g de farine
- 75 g de sucre glace
- 30 g d'amandes en poudre
- 15 g de cacao en poudre non sucré
- 1 pincée de sel
- 95 g de beurre à température ambiante
- 40 g d'œuf (1 petit œuf)

CRÈME D'AMANDE AU CHOCOLAT

- 50 g de beurre à température ambiante
- 50 g de sucre
- 50 g d'amandes en poudre
- 20 g de cacao en poudre non sucré
- 50 g d'œuf (1 œuf)

GANACHE AU CHOCOLAT

- 240 g de crème liquide à 30 % de MG
- 110 g de chocolat au lait
- ½ feuille de gélatine (1 g)

PÂTE À TARTINER AU CARAMEL

- Voir p. 54

MATÉRIEL SPÉCIFIQUE

◊ 8 moules à tartelette (ø 8 cm)
◊ Poches à douilles (unies)
◊ Thermomètre

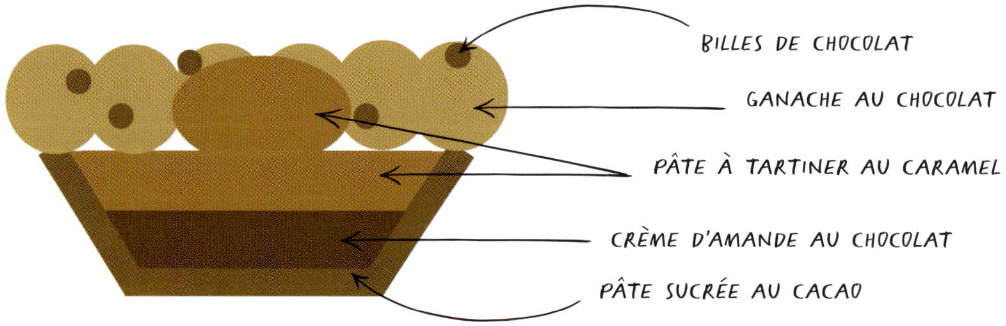

« La gourmandise commence quand on n'a plus faim. »

a

b

c

d

e

1 La veille, préparez la pâte sucrée au cacao : tamisez toutes les poudres séparément.

2 Dans la cuve d'un robot muni de la feuille ou à la main, mélangez le beurre avec le sucre glace. Lorsque le beurre est bien amalgamé, ajoutez les autres poudres jusqu'à ce que le mélange ressemble à du sable, puis l'œuf.

3 Une fois que la pâte forme une boule, arrêtez le robot. Filmez, puis réservez la pâte 45 min au réfrigérateur.

4 Reprenez la pâte et étalez-la sur 2 mm d'épaisseur et découpez-y 8 disques de la taille de vos moules (a). Foncez les moules à tartelette (b)(c)(d), puis placez-les 30 min au congélateur. Préchauffez le four à 160 °C.

5 Pendant ce temps, préparez la crème d'amande au chocolat : fouettez le beurre avec le sucre jusqu'à ce que le mélange devienne mousseux. Ajoutez les amandes en poudre et le cacao, puis l'œuf. Réservez au réfrigérateur.

6 Enfournez les fonds de tarte pour 14 min. À mi-cuisson, garnissez-les de crème d'amande au chocolat à l'aide d'une cuillère ou d'une poche à douille unie (e), puis poursuivez la cuisson jusqu'à ce que la pâte soit bien cuite et la crème d'amande moelleuse.

7 Préparez la ganache au chocolat : faites chauffer la moitié de la crème et versez-la sur le chocolat haché. Ajoutez la gélatine réhydratée et essorée, puis mixez.

8 Ajoutez le reste de la crème froide, puis mixez de nouveau. Filmez au contact et réservez la ganache au moins 1 nuit au réfrigérateur.

9 Le jour même, procédez au montage : transvasez la pâte à tartiner au caramel dans une poche à douille unie, et tapissez-en le fond de tarte **f**. Faites ensuite de même avec la ganache au chocolat, en dessinant des pétales sur les tartelettes à l'aide d'une poche à douille unie **g**. Pochez un petit cœur de caramel au centre des pétales **h** puis terminez en décorant de petites billes de chocolat **i**.

#CONSEIL **Si jamais votre caramel est dur à pocher, faites-le légèrement chauffer.**

f

g

h

i

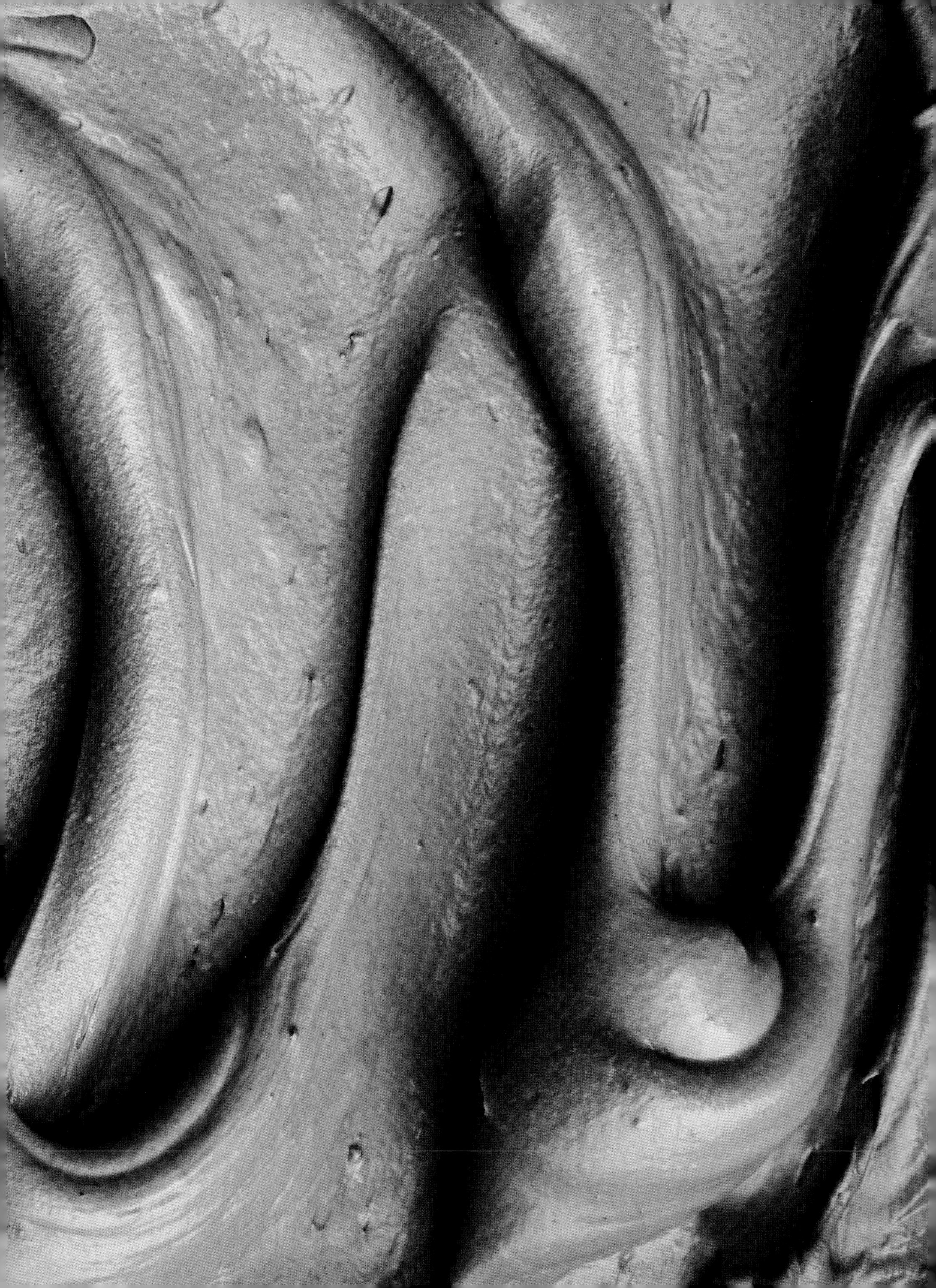

La magie des formes et des décors

Dans une pâtisserie il y a les goûts, les textures, les couleurs, mais aussi les formes ! J'aime toutes les formes, je trouve que chacune donne une dimension particulière à une recette, que ce soit en format rond, rectangulaire, oblong, calisson, triangle, rectangle...

Lorsque je passe devant une pâtisserie, je trouve que la variété des formes et des hauteurs donne de la vie à la vitrine et rend les gâteaux encore plus gourmands !

« Les inspirations se trouvent vraiment partout, il suffit d'ouvrir les yeux. »

Que ce soit en ville, dans des parcs, des musées d'art moderne, devant des monuments, l'inspiration est devant nous. C'est en voyageant, quand je sens un réel dépaysement, un changement de culture et d'environnement, que je trouve de nouvelles inspirations pour ma passion. Je fais alors le plein d'idées de formes, de montages, d'associations et de combinaisons de saveurs et de couleurs. De retour à la maison, direction la cuisine pour tout tester et développer de nouvelles recettes !

En revanche pour ce qui est de la conception des décors de mes pâtisseries, je fonctionne vraiment au feeling. Le jour du montage, je réalise ma mise en place pour avoir tous mes éléments de décoration devant les yeux. Vous allez d'ailleurs le voir au fil des recettes, mais je me sers très souvent des préparations déjà faites pour finaliser le décor : un reste de fruits, un peu d'insert, une crème...

Puis c'est l'heure de l'improvisation : je commence toujours par pocher la crème selon mon envie du moment, puis je dispose quelques fruits, quelques billes d'insert et je recule un peu pour observer ma pâtisserie dans son ensemble. Est-ce que c'est beau ? Est-ce que c'est gourmand et coloré ? Puis je corrige : quelques fruits en plus ici, un peu de crème par-là... Et voilà !

Pour vous faire une petite confidence, un bon quart des décors des pâtisseries que vous voyez dans ce livre a été décidé et réalisé au feeling le jour J (au grand désespoir de Séverine, la styliste qui travaillait avec moi, que ça n'aidait pas beaucoup côté organisation !).

“ Je trouve que c'est en travaillant au feeling, sans m'imposer un cadre trop strict, que j'obtiens le décor qui me correspond le plus. ”

C'est également aussi de cette manière que je fonctionne dans la vie de tous les jours, que ce soit au travail ou dans ma vie perso : me faire plaisir sans forcément me soucier du lendemain, et garder en tête que chaque problème a sa solution, même si elle ne vient pas toujours tout de suite ! Comme je suis quelqu'un de calme, posé et très peu stressé, j'adore cette philosophie de vie. Ce qui ne m'empêche en rien de parfois m'organiser et de m'avancer sur certains projets, comme ce livre, qui est loin d'être improvisé à la dernière minute !

POUR 6 À 8 PERSONNES
PRÉPARATION : 2 H 30
REPOS : 1 H 15
CUISSON : 1 H 45

TARTES AU CITRON MERINGUÉES

- 1 citron vert

PÂTE SUCRÉE

- 165 g de farine
- 75 g de sucre glace
- 30 g d'amandes en poudre
- 1 pincée de sel
- 95 g de beurre à température ambiante
- 40 g d'œuf (1 petit œuf)

CRÈME D'AMANDE

- 50 g de beurre à température ambiante
- 50 g de sucre
- 50 g d'amandes en poudre
- 50 g d'œuf (1 œuf)

CRÈME AU CITRON

- 100 g de jus de citron
- 50 g de lait
- 2 œufs
- 50 g de sucre
- 80 g de beurre
- 1 feuille de gélatine (2 g)

MERINGUE ITALIENNE

- 20 g d'eau
- 150 g de sucre
- 75 g de blancs d'œufs (3 petits blancs)

MATÉRIEL SPÉCIFIQUE

◊ 1 ou plusieurs moules à tartes ou tartelettes de la forme de votre choix
◊ Poches à douilles (unies)
◊ Thermomètre

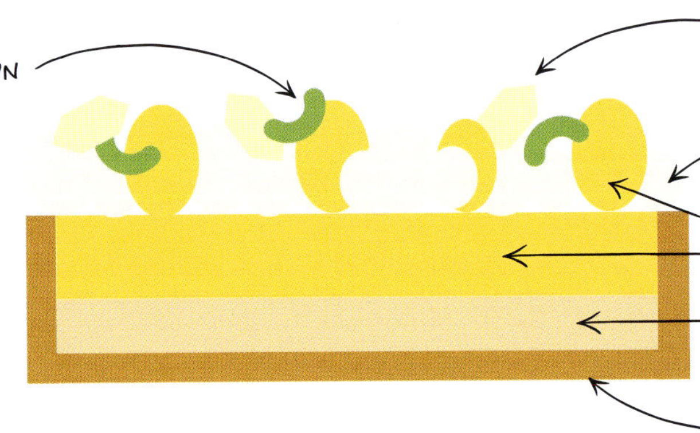

“ Le beau sans le bon
restera du vent. ”

1 Préparez la pâte sucrée : tamisez toutes les poudres séparément.

2 Dans la cuve d'un robot muni de la feuille ou à la main, mélangez le beurre avec le sucre glace. Lorsque le beurre est bien amalgamé, ajoutez les autres poudres et continuez de mélanger jusqu'à ce que la préparation ressemble à du sable, puis ajoutez l'œuf.

3 Une fois que la pâte forme une boule, arrêtez de mélanger. Filmez, puis réservez la pâte 45 min au réfrigérateur.

4 Étalez la pâte sur 2 mm d'épaisseur, puis détaillez-la à la forme de votre moule. Détaillez également des bandes de pâte de la hauteur de votre moule pour en foncer les côtés. Foncez le fond de tarte, puis placez-le 30 min au congélateur.

5 Préchauffez le four à 160 °C. Pendant ce temps, préparez la crème d'amande : fouettez le beurre avec le sucre jusqu'à ce que le mélange devienne mousseux. Ajoutez les amandes en poudre, puis l'œuf. Réservez au réfrigérateur.

6 Enfournez le fond de tarte pour 14 min. À mi-cuisson, étalez dessus la crème d'amande, puis poursuivez la cuisson jusqu'à ce que la pâte soit bien dorée et la crème d'amande moelleuse.

7 Pendant ce temps, préparez la crème au citron : faites chauffer le jus de citron à 50 °C puis ajoutez le lait (sinon il risque de cailler).

8 Fouettez les œufs avec le sucre jusqu'à ce que le mélange blanchisse, puis ajoutez-le au mélange précédent et faites bouillir 1 min.

9 Ajoutez le beurre et la gélatine réhydratée et essorée, puis mixez. Transvasez la crème dans une poche à douille unie et réservez-la au réfrigérateur.

10 Préparez la meringue italienne : faites un sirop en faisant chauffer l'eau dans une casserole, puis ajoutez-y le sucre et laissez cuire doucement. Une fois le sirop à 100 °C, montez les blancs d'œufs en neige.

11 Lorsque le sirop atteint 121 °C et que les blancs sont bien montés, versez petit à petit le sirop sur les blancs et fouettez à la vitesse maximale (attention à bien vous protéger des éventuelles projections, ne versez pas le sirop sur le fouet). Laissez refroidir 5 min sans cesser de fouetter, puis transvasez la meringue dans une poche à douille unie.

12 Procédez au montage : lorsque le fond de tarte a bien refroidi, garnissez-le de crème au citron **a**. Décorez de boules de meringues **b** et de crème au citron **c**, puis ajoutez quelques zestes et suprêmes de citron vert **d** pour le décor.

a

b

c

d

POUR 6 À 8 PERSONNES
PRÉPARATION : 1 H 30
REPOS : 1 NUIT + 1 H 15
CUISSON : 1 H 04

TARTE TATIN

- Sucre glace

PÂTE SUCRÉE

- 165 g de farine
- 75 g de sucre glace
- 30 g d'amandes en poudre
- 1 pincée de sel
- 95 g de beurre à température ambiante
- 40 g d'œuf (1 petit œuf)

CRÈME D'AMANDE

- 50 g de beurre à température ambiante
- 50 g de sucre
- 50 g d'amandes en poudre
- 50 g d'œuf (1 œuf)

PÂTE À TARTINER AU CARAMEL

- Voir p. 54

POMMES TATIN

- 4 pommes Golden
- 50 g de beurre
- 30 g de sucre

CHANTILLY AU MASCARPONE

- 150 g de crème liquide à 30 % de MG froide
- 50 g de mascarpone froid
- 20 g de sucre

MATÉRIEL SPÉCIFIQUE

◊ 1 moule à tarte (ø 20 cm)
◊ Thermomètre
◊ Poches à douilles (unies)

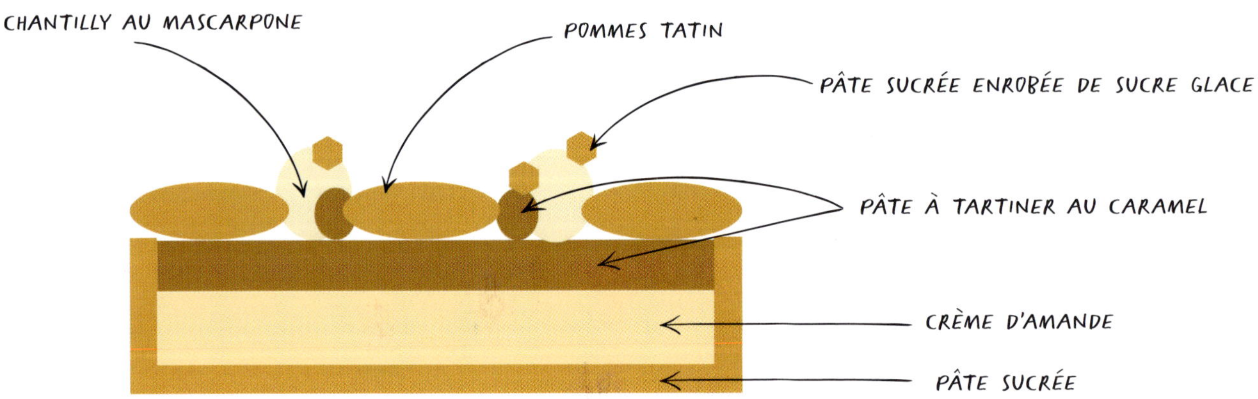

“ La distance entre les rêves
et la réalité s’appelle l’action. ”

1 La veille, préparez la pâte sucrée : tamisez toutes les poudres séparément.

2 Dans la cuve d'un robot muni de la feuille ou à la main, mélangez le beurre avec le sucre glace. Lorsque le beurre est bien amalgamé, ajoutez les autres poudres jusqu'à ce que le mélange ressemble à du sable, puis l'œuf.

3 Une fois que la pâte forme une boule, arrêtez de mélanger. Filmez, puis réservez la pâte 45 min au réfrigérateur.

4 Reprenez la pâte et étalez-la sur 2 mm d'épaisseur. Foncez le moule à tarte **a** **b** **c** **d**, découpez les chutes de pâte en petits morceaux qui serviront de décors, puis placez le tout 30 min au congélateur.

5 Préchauffez le four à 160 °C. Pendant ce temps, préparez la crème d'amande : fouettez le beurre avec le sucre jusqu'à ce que le mélange devienne mousseux. Ajoutez les amandes en poudre, puis l'œuf. Réservez au réfrigérateur.

6 Enfournez le fond de tarte pour 14 min. À mi-cuisson, étalez dessus la crème d'amande, puis poursuivez la cuisson jusqu'à ce que la pâte soit bien dorée et la crème d'amande moelleuse.

7 Le jour même, préparez les pommes Tatin : pelez et coupez les pommes en deux. Préchauffez le four à 180 °C. Mélangez le beurre avec le sucre et badigeonnez-en les pommes. Déposez-les sur une plaque recouverte de papier cuisson. Enfournez pour environ 50 min.

8 Préparez la chantilly au mascarpone : fouettez la crème avec le mascarpone et le sucre dans la cuve du robot muni du fouet. Transvasez la chantilly dans une poche à douille munie d'une douille unie.

9 Lorsque toutes les préparations ont refroidi, procédez au montage : étalez le caramel sur le fond de tarte (e), puis répartissez-les demi-pommes (s'il vous en reste, mangez-les !) (f). Pochez la chantilly au mascarpone tout autour des pommes (g) et décorez de chutes de pâte cuite recouvertes de sucre glace (h) et de billes de pâte à tartiner au caramel.

e

#CONSEIL **Pour les plus gourmands, vous pouvez ajouter une gousse de vanille dans le caramel et la chantilly au mascarpone.**

f

g

h

POUR 6 À 8 PERSONNES
PRÉPARATION : 1 H 30
REPOS : 2 H 15
CUISSON : 18 MIN

TROPÉZIENNE
AU PRALINÉ

- 140 g de praliné maison (voir p. 58, étapes 1 à 4)

PÂTE À BRIOCHE

- 300 g de farine
- 7 g de sel
- 35 g de sucre
- 12 g de levure fraîche de boulanger
- 1 œuf + 1 œuf pour la dorure
- 60 g de lait
- 150 g de beurre
- 30 g de sucre en grains

CRÈME MOUSSELINE AU PRALINÉ

- 280 g de lait entier
- ½ feuille de gélatine (1 g)
- 60 g de jaunes d'œufs (3 jaunes)
- 50 g de sucre
- 30 g de poudre à crème
- 150 g de beurre
- 160 g de praliné maison (voir p. 58, étapes 1 à 4)

MATÉRIEL SPÉCIFIQUE

◊ 1 cercle de cuisson (ø 20 cm)
◊ Poches à douilles (unie, Saint-Honoré)

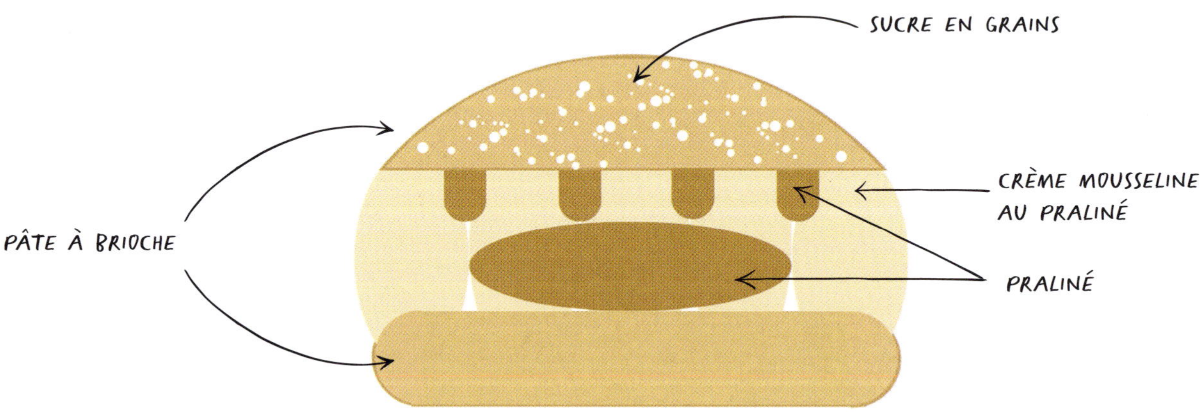

a

b

1 Préparez la pâte à brioche : dans la cuve d'un robot muni du crochet, versez tous les ingrédients sauf le sucre en grains. Veillez à ce que la levure ne soit pas en contact direct avec le sel ou le sucre, cela empêcherait la fermentation. Mélangez jusqu'à ce que la pâte ne colle plus aux bords de la cuve (comptez environ 25 min).

2 Une fois pétrie, filmez la pâte dans un saladier et laissez pointer 1 h à température ambiante puis dégazez-la afin de chasser l'air accumulé à l'intérieur (a). Pesez 1 morceau de pâte de 250 g (avec le reste de pâte, vous pouvez réaliser des petites brioches de 45 g ou une grosse brioche), puis boulez-le.

3 Déposez la boule de pâte dans le cercle graissé, dorez avec 1 œuf battu, puis laissez pousser 1 h 15 dans le four avec une casserole d'eau chaude.

4 Préchauffez le four à 180 °C, redorez la pâte, puis saupoudrez de sucre en grains (b) et enfournez pour 18 min.

5 Préparez la crème mousseline au praliné : faites bouillir le lait et réhydratez la gélatine.

6 Fouettez les jaunes d'œufs avec le sucre et la poudre à crème jusqu'à ce que le mélange blanchisse. Versez le lait bouillant dessus, mélangez, puis reversez le tout dans la casserole et faites cuire 3 min sans cesser de fouetter.

7 Incorporez la gélatine essorée, 50 g de beurre et le praliné, puis transvasez dans un saladier, filmez au contact et réservez 20 min au congélateur.

8 Une fois la crème refroidie, faites-la tiédir, puis incorporez-y le reste du beurre pommade au fouet à vitesse moyenne et montez la crème au moins pendant 5 min, jusqu'à ce qu'elle se tienne et soit lisse et brillante. Transvasez-la dans une poche à douille unie.

9 Procédez au montage : coupez la brioche en deux dans l'épaisseur. Pochez des boules de crème mousseline tout autour de la base de la brioche, puis garnissez-en généreusement l'intérieur.

10 Pochez un trait de praliné (douille Saint-Honoré) entre chaque boule et une fine couche au centre du gâteau, puis recouvrez de crème mousseline avant de refermer avec la partie supérieure de la brioche.

#CONSEIL **Lors de la confection de la pâte à brioche, toutes les 5 min, avec une Maryse ou une corne, raclez les bords de la cuve afin de décrocher la pâte. Lors du pointage, placez la casserole d'eau sur le fond du four sous la plaque, pour que celle-ci répartisse la chaleur uniformément.**

“ Je ne perds jamais : soit je gagne, soit j'apprends. ”

BRIOCHES À L'ANANAS

POUR 12 BRIOCHES
PRÉPARATION : 1 H 30
REPOS : 2 H 15
CUISSON : 43 MIN
CONGÉLATION : 2 H

- Sucre glace

PÂTE À BRIOCHE

- 300 g de farine
- 7 g de sel
- 35 g de sucre
- 12 g de levure fraîche de boulanger
- 1 œuf + 1 œuf pour la dorure
- 60 g de lait
- 150 g de beurre

INSERT À L'ANANAS

- ¾ d'ananas
- 25 g de sucre
- 4 g d'agar-agar
- ½ gousse de vanille (facultatif)

COMPOTÉE D'ANANAS

- ¼ d'ananas
- ½ gousse de vanille (facultatif)

MATÉRIEL SPÉCIFIQUE

◊ 12 moules demi-sphère en silicone (ø 3 cm)

1 Préparez la pâte à brioche : dans la cuve d'un robot muni du crochet, ajoutez tous les ingrédients. Veillez à ce que la levure ne soit pas en contact direct avec le sel ou le sucre, cela empêcherait la fermentation. Mélangez jusqu'à ce que la pâte ne colle plus aux bords de la cuve (comptez environ 25 min).

2 Une fois pétrie, filmez la pâte dans un saladier et laissez pointer 1 h à température ambiante puis dégazez-la afin de chasser l'air accumulé à l'intérieur. Formez 12 pâtons de 45 g chacun, puis boulez-les.

3 Dorez les boules de pâte avec 1 œuf battu, puis laissez pousser 1 h 15 dans le four avec une casserole d'eau chaude.

4 Préparez l'insert à ananas : faites confire l'ananas coupé en morceaux dans une casserole. Ajoutez le sucre, l'agar-agar et la vanille en pluie en fouettant, puis poursuivez la cuisson pendant 20 à 25 min.

5 Une fois l'humidité du fruit bien évaporée retirez la gousse de vanille et versez le confit d'ananas dans les moules demi-sphères, puis placez au moins 2 h au congélateur.

6 Préparez la compotée d'ananas : faites cuire l'ananas coupé en morceaux avec la vanille jusqu'à ce que l'ensemble devienne un peu pâteux, comptez environ 15 min. Réservez à température ambiante.

7 Préchauffez le four à 180 °C, redorez la pâte, puis enfoncez un insert à l'ananas dans chaque brioche **a**. Enfournez 18 min et laissez refroidir avant de garnir de compotée d'ananas **b**. Saupoudrez le pourtour de sucre glace en vous aidant d'un petit bol **c**.

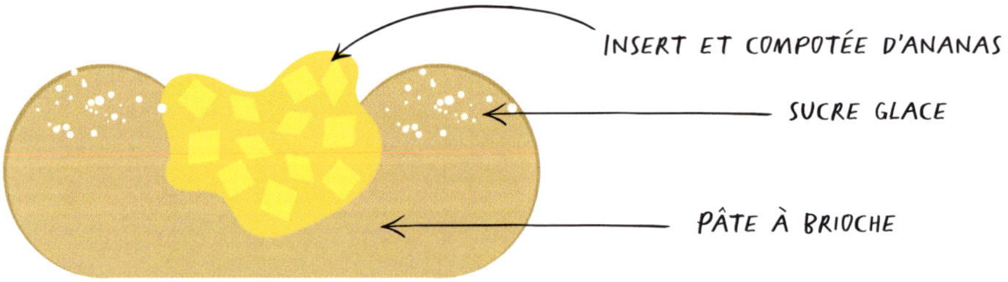

a

b

c

Ça va douiller !

On a déjà parlé des formes et des crèmes, voici le sujet qui lie les deux : le pochage des crèmes pour leur donner de belles formes ! Ganache montée, crème diplomate, meringue, pâte à macarons, crème Chantilly, insert... On peut utiliser ces préparations de plusieurs manières, et une de mes préférées est d'avoir recours à une poche à douille : c'est facile à manipuler, propre, précis, et on peut varier les formes en choisissant avec soin sa douile (= son embout). C'est parti pour un petit tour d'horizon des embouts que j'utilise le plus, et pour quels usages.

À garnir

Toute simple, munie ou non d'une longue tige qui vous permet de l'insérer plus facilement dans la pâtisserie comme une seringue, elle sert, comme son nom l'indique, à garnir et fourrer (de crème, d'insert, de pâte à tartiner...).

Unie (diamètres variables)

Celle-ci est multitâches : pour pocher ou pour garnir, pour des crèmes, des meringues, des inserts... À vous de choisir la taille la plus adaptée à ce que vous souhaitez faire.

Cannelée (diamètres variables)

Comme la douille unie, celle-ci est très modulable dans son diamètre et dans ses usages. Faites attention en choisissant votre douille, le résultat du pochage sera différent si les dents sont très prononcées (et forment une étoile avec de longues branches) ou plutôt légères (et forment une étoile avec un centre épais).

Saint-Honoré

L'ouverture en forme de goutte de cette douille permet de pocher les crèmes en forme de quenelles typiques de la décoration d'un Saint-Honoré. Mais elle peut aussi servir pour des créations plus originales (allez donc voir l'entremets full chocolat, p. 134 !) ou des pochages « entre » deux autres éléments.

Petits-fours

Avec des cannelures très serrées, presque des rayures, c'est la douille parfaite pour pocher de la pâte à choux : les petits sillons vont permettre à la pâte de gonfler uniformément à la cuisson.

À ruban

Celle-ci est principalement utilisée pour les glaçages, notamment d'éclairs : elle permet de déposer une fine couche de préparation sur une large bande. Avec un peu de pratique, on peut faire de jolis décors bien parallèles !

POUR 6 À 8 PERSONNES
PRÉPARATION : 1 H
CUISSON : 2 H

PAVLOVA
AUX FRUITS ROUGES

- 250 g de fraises
- 50 g de framboises
- Sucre glace

MERINGUE FRANÇAISE

- 125 g de blanc d'œufs (4 blancs)
- 250 g de sucre

CHANTILLY AU MASCARPONE

- 300 g de crème liquide à 30 % de MG
- 250 g de mascarpone
- 50 g de sucre glace tamisé
- ½ gousse de vanille

CONFIT DE FRUITS ROUGES

- 250 g de fruits rouges
- 25 g de sucre
- 3 g d'agar-agar

MATÉRIEL SPÉCIFIQUE

◊ Poches à douilles (unie, Saint-Honoré)

« Quoi que tu rêves d'entreprendre, commence-le, l'audace a du génie, du pouvoir et de la magie. »

1 Préchauffez le four à 90 °C en chaleur statique. Préparez la meringue française : fouettez les blancs (à température ambiante, de préférence) en neige en ajoutant le sucre en 3 fois. Sur une plaque tapissée de papier cuisson, dessinez un cercle de 24 cm de diamètre au crayon.

2 Une fois la meringue française bien montée, transvasez-la dans une poche à douille unie. Pochez-en des petites pointes à l'extérieur du cercle, puis remplissez-le en spirale (voir double-page suivante). Enfournez pour 1 h 45 à 2 h. Laissez complètement refroidir.

3 Préparez la chantilly au mascarpone : fouettez tous les ingrédients ensemble. Afin d'obtenir une belle texture, finissez de monter le mélange à la main. Transvasez la chantilly dans une poche à douille Saint-Honoré.

4 Préparez le confit de fruits rouges : faites compoter les fruits rouges dans une petite casserole à feu moyen, environ 10 min. Ajoutez le sucre et l'agar-agar en pluie, et faites cuire 5 min de plus. Mixez et réservez dans une poche à douille unie.

5 Procédez au montage : une fois la meringue refroidie, garnissez-la d'une première couronne de chantilly (a) (b) et d'un petit disque de confit (c), puis ajoutez les fraises coupées en deux et les framboises (d).

f

6 Pochez la deuxième couronne de chantilly e, recouvrez-en généreusement les fruits frais f, puis pochez les troisième g et quatrième h couronnes.

7 Décorez de fruits frais i et de confit j.

#CONSEILS **Pour accompagner ce dessert, vous pouvez préparer un coulis minute en mixant des fraises et des framboises. Si jamais la chantilly est légèrement trop montée, rajoutez un peu de crème liquide.**

g

h

i

j

POUR 8 MACARONS
PRÉPARATION : 2 H
REPOS : 40 MIN
CUISSON : 20 MIN

MACARONS
FRAMBOISE-CITRON

- ½ citron vert
- 50 framboises fraîches

PÂTE À MACARONS

- 200 g d'amandes en poudre
- 200 g de sucre glace
- 150 g de blancs d'œufs (5 blancs)
- Colorant alimentaire en poudre rouge
- 50 g d'eau
- 200 g de sucre

INSERT À LA FRAMBOISE

- 300 g de framboises
- 30 g de sucre
- 5 g d'agar-agar

CRÈME DIPLOMATE CITRONNÉE

- 2 citrons verts
- 140 g de lait entier
- 40 g de jaunes d'œufs (2 jaunes)
- 25 g de sucre
- 12 g de poudre à crème
- 200 g de chocolat blanc haché
- 300 g de crème liquide à 30 % de MG

MATÉRIEL SPÉCIFIQUE

◊ Thermomètre
◊ Poches à douilles (unies)

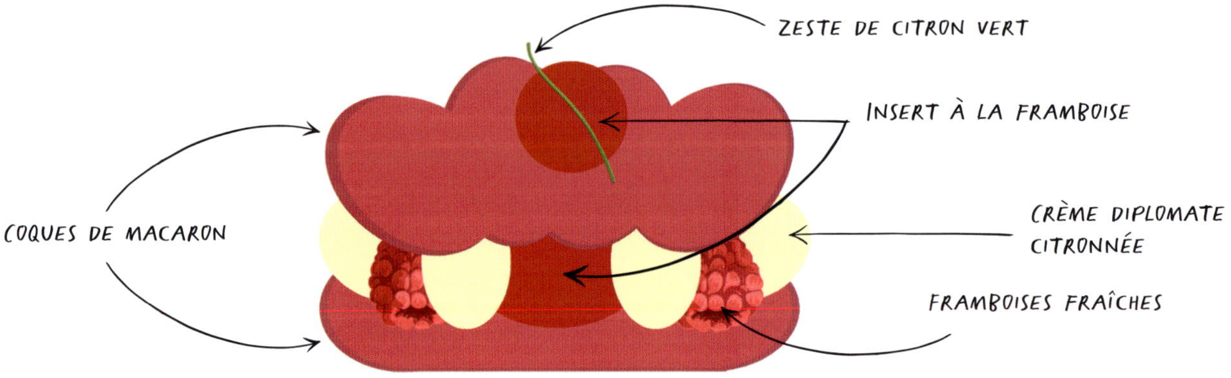

“ Le meilleur moyen de maîtriser un sujet est de l’enseigner. ”

a

b

1 Préparez la pâte à macarons : tamisez les amandes en poudre et le sucre glace ensemble et ajoutez-y la moitié des blancs d'œufs ainsi que le colorant et mélangez.

2 Versez l'eau et le sucre dans une casserole, puis faites chauffer à feu moyen. Une fois que le sirop a atteint 100 °C, commencez à monter les blancs restants à vitesse moyenne.

3 Lorsque le sirop atteint 118 °C, coupez le feu. Laissez-le monter à 121 °C, puis versez-le sur les blancs montés en continuant de fouetter à vitesse moyenne (attention aux projections, ne versez pas directement sur le fouet). Dès que la meringue a assez refroidi, commencez à macaronner (a) (afin d'avoir un mélange homogène et qui se poche sans retomber), puis transvasez la pâte à macarons dans une poche à douille unie.

4 Préchauffez le four à 160 °C en chaleur statique. Pochez 16 coques de macarons en forme de fleur (b) ou de disque sur une plaque recouverte de papier cuisson. Tapez la plaque contre le plan de travail pour lisser les coques et laissez croûter 40 min à température ambiante. Enfournez pour 15 à 20 min, puis laissez complètement refroidir.

5 Préparez l'insert à la framboise : faites confire les framboises à sec dans une casserole pour obtenir une purée, comptez environ 10 min. Quand la préparation atteint 50 °C, ajoutez le sucre et l'agar-agar en pluie tout en fouettant. Faites bouillir 5 min afin d'extraire le maximum d'humidité présente dans le fruit.

6 Préparez la crème diplomate citronnée : dans une casserole, faites chauffer les zestes des citrons verts et le lait. Fouettez les jaunes d'œufs avec le sucre jusqu'à ce que le mélange blanchisse, puis ajoutez la poudre à crème.

7 Une fois le lait bouillant, versez-en la moitié sur le mélange de jaunes, mélangez bien, puis reversez le tout dans la casserole et faites cuire 3 min en fouettant bien.

8 Versez le tout sur le chocolat, mélangez pour bien homogénéiser puis filmez au contact. Placez la crème au réfrigérateur pour la faire refroidir.

9 Lorsque la crème au citron est bien froide, fouettez la crème liquide en chantilly, puis mélangez les deux crèmes et réservez au frais dans une poche à douille unie.

10 Procédez au montage : sur une coque de macaron, déposez au milieu un peu de crème diplomate, une framboise sur chaque pétale, puis de l'insert à la framboise au milieu à l'aide d'une poche ou d'une cuillère.

11 Entre chaque framboise, pochez une petite larme de crème diplomate, puis ajoutez une coque de macaron pour fermer c. Déposez aussi une boule d'insert sur le dessus pour finir d.

#CONSEIL **Pour que la crème diplomate développe le maximum d'arômes, faites infuser les zestes de citron vert la veille. Afin que les coques puissent maturer, je vous conseille d'attendre au moins 4 h avant de déguster vos macarons.**

POUR 8 À 10 PERSONNES
PRÉPARATION : 1 H 30
CUISSON : 2 H
CONGÉLATION : 20 MIN

CONCORDE

- Cacao en poudre non sucré

MERINGUE AU CHOCOLAT

- 200 g de blancs d'œufs (6-7 blancs)
- 400 g de sucre
- 40 g de cacao en poudre non sucré

MOUSSE CONCORDE

- 550 g de crème liquide à 30 % de MG
- 280 g de chocolat noir à 70 % de cacao

MATÉRIEL SPÉCIFIQUE

◊ Poches à douilles (unies)
◊ Thermomètre

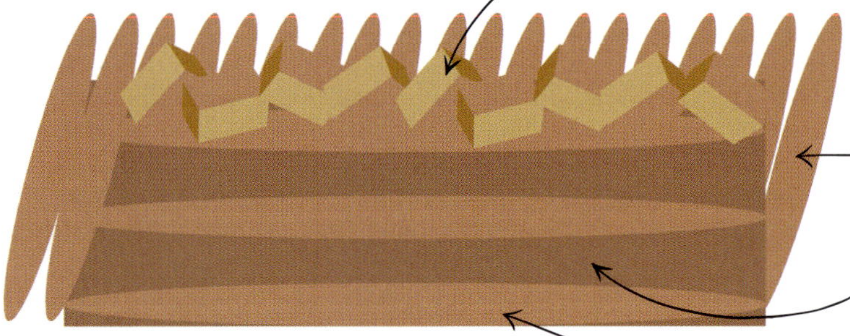

“ **La vie est trop courte, commencez par le dessert !** ”

a

b

c

d

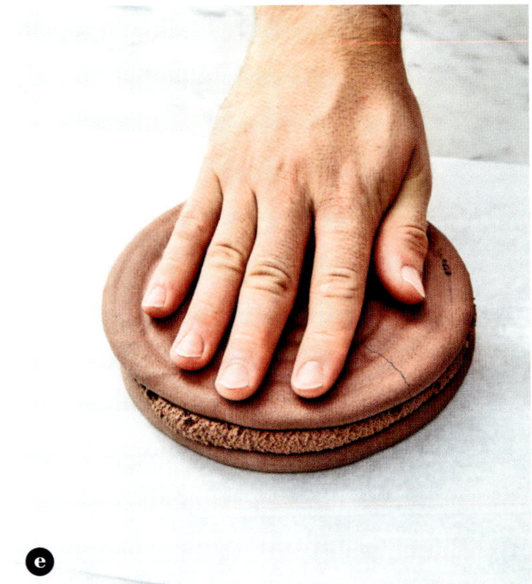

e

1 Préparez la meringue au chocolat : montez les blancs d'œufs en neige en ajoutant le sucre en 3 fois. Incorporez ensuite délicatement le cacao à l'aide d'une Maryse et transvasez la meringue dans une poche à douille unie.

2 Préchauffez le four à 95 °C. Pochez 3 disques de meringue de 16 cm de diamètre sur une plaque recouverte de papier cuisson **a**, puis le reste en longues bandes **b**. Enfournez pour 1 h 30 pour les bâtonnets, et 2 h pour les disques, puis laissez refroidir complètement.

3 Préparez la mousse concorde : faites chauffer 150 g de crème dans une casserole, puis versez-la sur le chocolat haché tout en fouettant doucement pour obtenir une émulsion.

4 Une fois la ganache lisse et brillante et refroidie à 35-40 °C, fouettez le reste de la crème froide en une chantilly. Mélangez les préparations délicatement en 2 fois afin que le mélange ne retombe pas **c**.

5 Procédez au montage : sur un disque de meringue, étalez une couche de mousse **d**. Recouvrez d'un deuxième disque de meringue **e**, d'une deuxième couche de mousse **f**, puis recommencez avec le troisième disque de meringue **g** et une dernière couche de mousse autour **h** et dessus **i** afin d'avoir 3 étages, puis lissez le tout.

6 Placez le gâteau 20 min au congélateur avant d'ajouter les bandes de meringue cassées en bâtonnets sur le pourtour **j** et quelques brisures sur le dessus. Saupoudrez de cacao.

#CONSEIL **Afin que la meringue colle bien au gâteau, vous pouvez le chauffer légèrement avec un sèche-cheveux.**

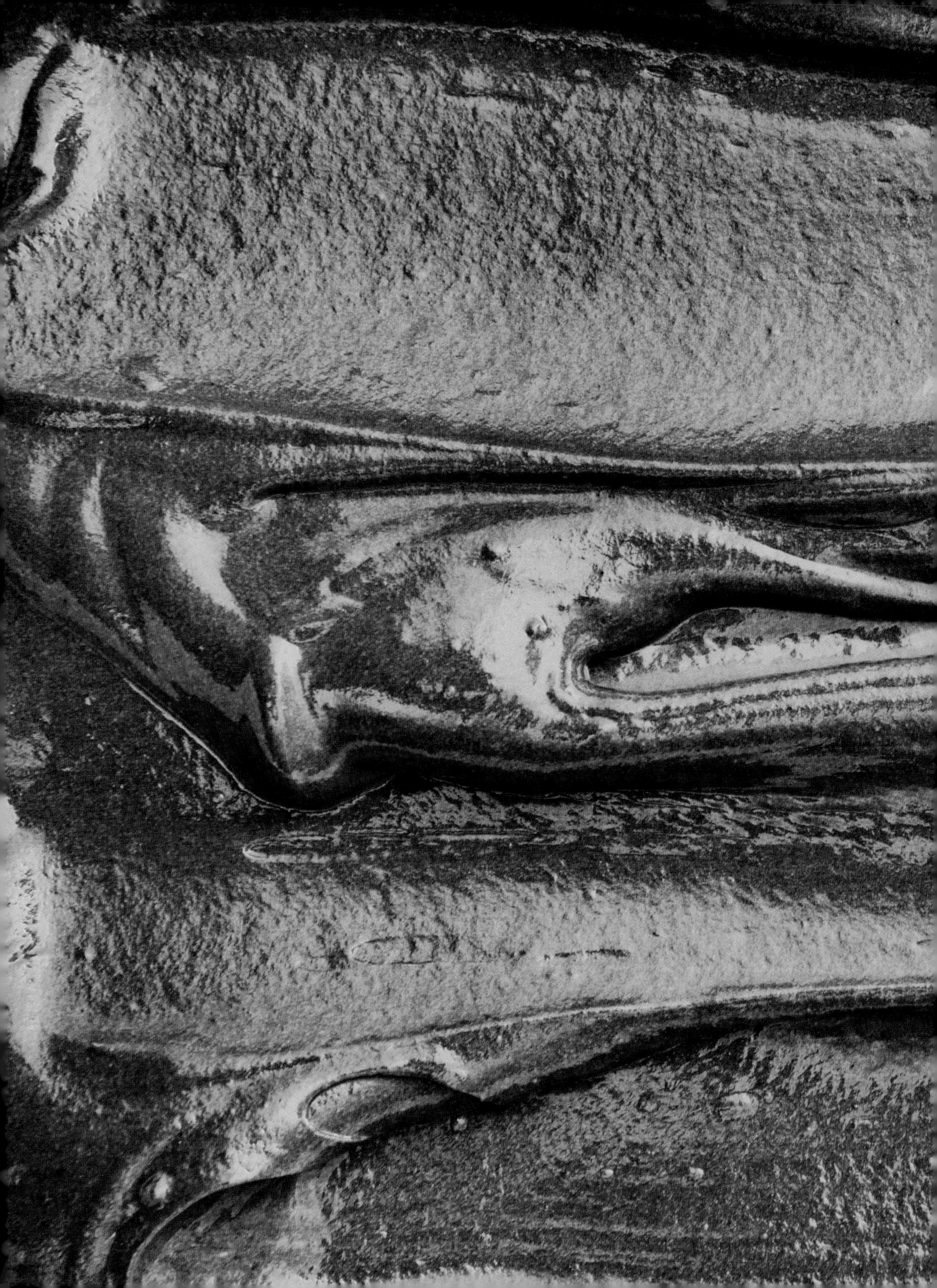

COMME UN PRO

POUR 12 ÉCLAIRS
PRÉPARATION : 1 H 30
CUISSON : 40 MIN
CONGÉLATION : 2 H

ÉCLAIRS À LA FRAISE

- Graines de sésame

PÂTE À CHOUX

- 125 g de lait entier
- 125 g d'eau
- 5 g de sucre
- 5 g de sel
- 110 g de beurre
- 135 g de farine
- 250 g d'œufs (5 petits œufs)

CRÈME PÂTISSIÈRE À LA VANILLE

- 300 g de lait entier
- 200 g de crème liquide à 30 % de MG
- 1 gousse de vanille
- 100 g de jaunes d'œufs (5 jaunes)
- 100 g de sucre
- 40 g de fécule de maïs
- 150 g de beurre

INSERT À LA FRAISE

- 300 g de fraises (conservez les queues pour le décor)
- 30 g de sucre
- 5 g d'agar-agar

GLAÇAGE

- 60 g d'eau
- 115 g de sucre
- 115 g de glucose
- 155 g de chocolat blanc haché
- 60 g de lait concentré non sucré
- 4 feuilles de gélatine (8 g)
- Colorant aliment en poudre rouge

MATÉRIEL SPÉCIFIQUE

◊ Thermomètre
◊ Poches à douilles (petits fours, unie, ruban)

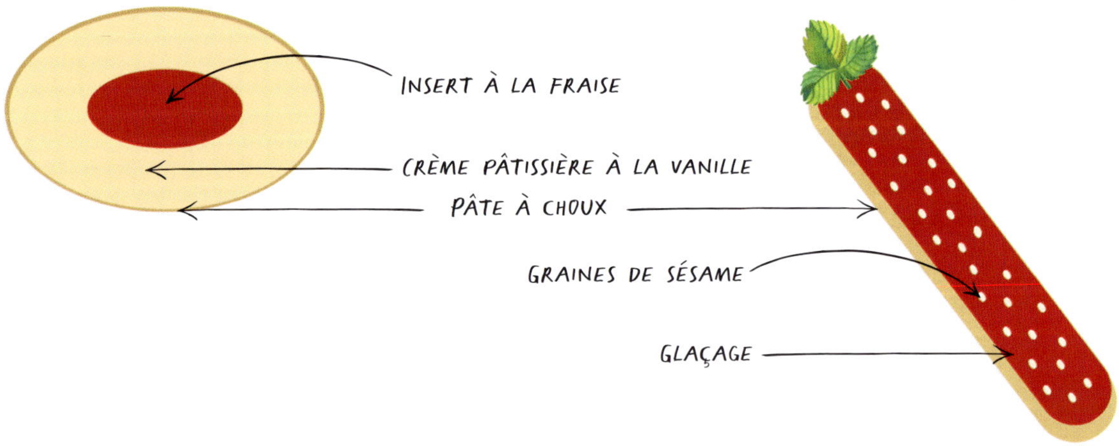

a

b

c

d

e

1 Préchauffez le four à 180 °C en chaleur statique. Préparez la pâte à choux : dans une casserole, versez le lait, l'eau, le sucre, le sel et le beurre. Faites bouillir, puis incorporez la farine (a). Desséchez la pâte à choux pendant 1 min sur le feu en remuant énergiquement à l'aide d'une cuillère en bois (b) jusqu'à ce qu'elle se décolle complètement des parois (c). Transvasez dans un saladier, et ajoutez ensuite les œufs un par un en mélangeant entre chaque ajout pour bien incorporer le précédent.

2 Une fois la pâte à choux à bonne consistance (d) (elle doit former un ruban), transvasez-la dans une poche à douille petits fours et formez des éclairs de 12 cm de longueur sur une plaque recouverte de papier cuisson (e). Enfournez pour environ 40 min. Au bout de 15 min, ouvrez la porte 2 sec afin de retirer toute l'humidité présente dans le four.

3 Pendant ce temps, préparez la crème pâtissière vanillée : faites chauffer le lait, la crème et la gousse de vanille fendue en deux et grattée. Fouettez les jaunes d'œufs, le sucre et la fécule jusqu'à ce que le mélange blanchisse.

4 Une fois le lait bouillant, retirez la gousse et ajoutez le mélange de jaunes dans la casserole, puis faites cuire 3 min en fouettant bien. Incorporez le beurre. Placez la crème 20 min au congélateur, puis au réfrigérateur dans une poche à douille unie.

5 Préparez l'insert à la fraise : faites confire les fraises coupées en morceaux dans une casserole à sec jusqu'à obtenir une purée, comptez environ 10 min.

6 Quand la préparation atteint 50 °C, ajoutez le sucre et l'agar-agar en pluie tout en fouettant. Faites bouillir 5 min afin d'extraire le maximum d'humidité présente dans le fruit. Mixez pour obtenir une belle texture, puis réservez au frais dans une poche à douille unie.

7 Préparez le glaçage des éclairs : faites chauffer l'eau, le sucre et le glucose à 108 °C en mélangeant doucement. Versez ce sirop sur le chocolat, le lait concentré et la gélatine réhydratée et essorée. Mixez le tout sans faire de bulles, puis ajoutez petit à petit le colorant et réservez au frais.

8 Lorsque toutes les préparations ont entièrement refroidi, faites trois petits trous sous chaque éclair, puis garnissez-les de crème pâtissière environ aux quatre cinquièmes **f**.

9 Finissez de les garnir avec l'insert à la fraise jusqu'à en remplir les éclairs **g**, puis placez-les au congélateur 2 h au minimum.

10 Faites chauffer le glaçage à 35 °C sans trop le travailler pour ne pas le rendre trop fluide. Transvasez-le dans une poche à douille ruban de 2 cm, puis pochez le glaçage sur les éclairs **h**.

11 Parsemez les éclairs de graines de sésame afin de les rendre plus vrais que nature, puis ajoutez un petit bout de feuille de fraise au bout de chaque éclair.

#LE SAVIEZ-VOUS ?

Qu'est-ce que la panade ?
C'est la pâte à choux avant d'y ajouter les œufs.

“ La réussite est souvent précédée d'un échec. ”

POUR 8 PERSONNES
PRÉPARATION : 1 H 30
CUISSON : 18 MIN
CONGÉLATION : 4 H 20

CHARLOTTE
PASSION

- Sucre glace
- 1 fruit de la Passion

BISCUIT À LA PÂTE À CHOUX

- 70 g de lait entier
- 50 g de beurre
- 70 g de farine
- 85 g de jaunes d'œufs (4 jaunes)
- 50 g d'œuf (1 œuf)
- 125 g de blancs d'œufs (4 blancs)
- 60 g de sucre
- Colorant alimentaire en poudre orange

INSERT AUX FRUITS DE LA PASSION

- 400 g de purée de fruits de la Passion
- 40 g de sucre
- 7 g d'agar-agar

CRÈME DIPLOMATE À LA VANILLE

- 300 g de lait entier
- 1 gousse de vanille
- 100 g de jaunes d'œufs (5 jaunes)
- 60 g de sucre
- 30 g de fécule de maïs
- 2 feuilles de gélatine (4 g)
- 320 g de crème liquide à 30 % de MG

MATÉRIEL SPÉCIFIQUE

◊ 1 cercle à pâtisserie (ø 22 cm, H 4,5 cm)
◊ Rhodoïd

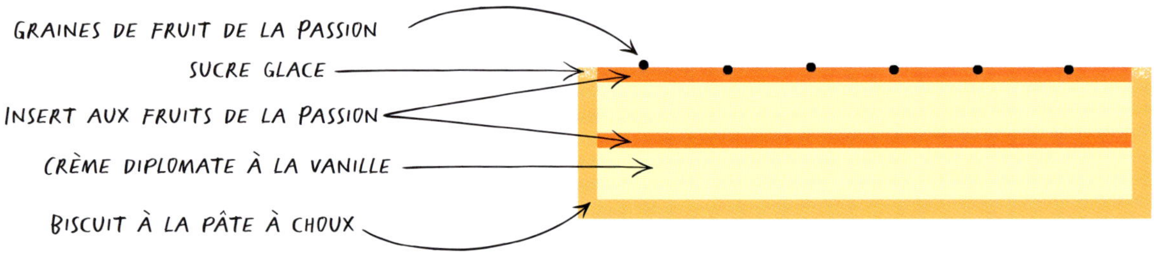

« Si vous voulez que la vie vous sourie, apportez-lui votre bonne humeur et un gâteau. »

a

b

c

d

1 Préchauffez le four à 170 °C en chaleur tournante. Préparez le biscuit à la pâte à choux : faites bouillir le lait avec le beurre. Hors du feu, ajoutez la farine en une fois, puis incorporez progressivement les jaunes et l'œuf entier.

2 Fouettez les blancs avec le sucre jusqu'à obtenir une texture ferme, puis incorporez délicatement le colorant. Mélangez délicatement à la préparation précédente.

3 Étalez la pâte sur 8 mm d'épaisseur environ sur un tapis ou une feuille de cuisson, puis enfournez pour 10 à 12 min. Laissez refroidir complètement.

4 Préparez l'insert aux fruits de la Passion : faites chauffer 300 g de purée de fruits dans une casserole. Ajoutez 30 g de sucre et 5 g d'agar-agar en pluie tout en fouettant. Faites bouillir 5 à 10 min, puis réservez au réfrigérateur. Les quantités restantes serviront pour le décor.

5 Préparez la crème diplomate à la vanille : faites chauffer le lait avec la gousse de vanille fendue en deux et grattée. Fouettez les jaunes d'œufs avec le sucre et la fécule jusqu'à ce que le mélange blanchisse.

6 Une fois le lait bouillant, retirez la gousse, ajoutez le mélange de jaunes, puis faites cuire 3 min en fouettant bien. Hors du feu, incorporez la gélatine réhydratée et essorée. Placez la crème 20 min au congélateur, puis au réfrigérateur.

7 Une fois la crème à la vanille bien froide, fouettez la crème liquide en chantilly. Fouettez la crème à la vanille de manière à la détendre, puis mélangez les deux crèmes et réservez au frais dans une poche à douille.

8 Procédez au montage : tapissez les côté du cercle de Rhodoïd, puis découpez un disque de la taille du cercle dans le biscuit, et des bandes de 4,5 cm de largeur.

9 Chemisez le cercle avec les bandes de biscuit, puis placez le disque au fond. Garnissez de crème diplomate jusqu'à mi-hauteur **a**, puis ajoutez l'insert aux fruits de la Passion **b**. Couvrez de crème diplomate en laissant 5 mm de marge **c**. Lissez bien la crème sur le dessus de l'entremets, puis placez 4 h au congélateur.

10 Réalisez le second insert aux fruits de la Passion avec le reste des ingrédients. Une fois l'insert cuit, laissez-le refroidir 10 min, puis versez-le sur l'entremets **d**.

11 Pour le décor, saupoudrez tout le pourtour de l'entremets de sucre glace **e**, puis parsemez de graines de fruit de la Passion **f**.

#CONSEIL **Afin de bien jauger la couleur du biscuit, testez en ajoutant par pointe de couteau le colorant dans les blancs d'œufs.**

POUR 8 PERSONNES
PRÉPARATION : 3 H
CUISSON : 20 MIN
REPOS : 1 NUIT
CONGÉLATION : 1 NUIT

ENTREMETS FULL CHOCOLAT

BISCUIT AU PAIN DE GÊNES

- 200 g de pâte d'amande
- 3 œufs
- 60 g de beurre fondu
- 40 g de farine
- 3 g de levure chimique

MOUSSE BAVAROISE AU CHOCOLAT AU LAIT

- 150 g de lait entier
- 110 g de jaunes d'œufs (5-6 jaunes)
- 15 g de sucre
- 1 feuille de gélatine (2 g)
- 170 g de crème liquide à 30 % de MG
- 170 g de chocolat au lait

ENROBAGE GOURMAND

- 75 g d'amandes hachées
- 300 g de chocolat au lait
- 50 g d'huile de tournesol

GANACHE AU CHOCOLAT AU LAIT

- 200 g de crème liquide à 30 % de MG
- 90 g de chocolat au lait haché
- ½ feuille de gélatine (1 g)

CROUSTILLANT AU RIZ SOUFFLÉ

- 60 g de chocolat noir à 70 % de cacao
- 40 g de beurre
- 2 g de fleur de sel
- 50 g de riz soufflé

MATÉRIEL SPÉCIFIQUE

◊ 2 cercles à pâtisserie (ø 22 cm, H 4,5 cm)
◊ Rhodoïd
◊ Poche à douille (Saint-Honoré)

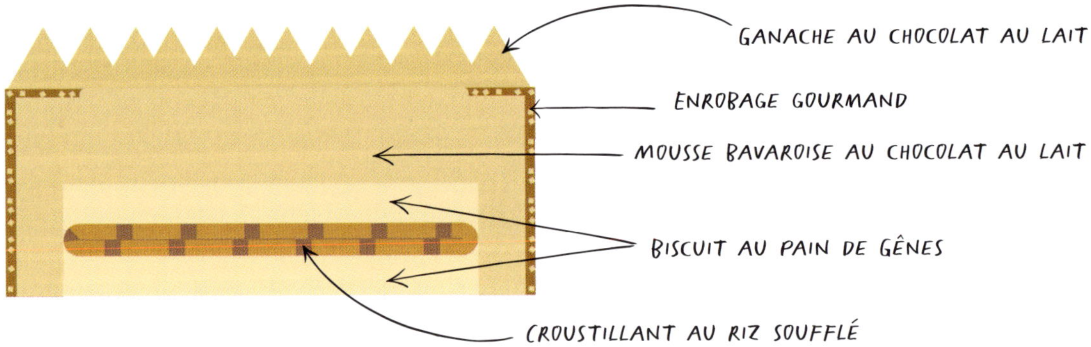

“ **Le succès est la somme de petits efforts répétés jours après jour.** ”

1 La veille, préchauffez le four à 170 °C et graissez les deux cercles. Préparez le biscuit au pain de Gênes : faites tiédir la pâte d'amande au micro-ondes, puis fouettez les œufs avec jusqu'à ce que le mélange blanchisse et double de volume.

2 Incorporez délicatement le beurre, puis la farine et la levure tamisées en pluie. Répartissez la pâte dans les cercles et étalez-la sur 0,8 cm d'épaisseur. Enfournez pour environ 20 min. Laissez refroidir complètement.

3 Préparez la mousse bavaroise au chocolat au lait : faites chauffer le lait dans une casserole. Dans un saladier, fouettez les jaunes d'œufs avec le sucre jusqu'à ce que le mélange blanchisse, puis faites chauffer dans une casserole à feu doux en remuant à l'aide d'une Maryse, jusqu'à atteindre 84 °C.

4 Hors du feu, ajoutez la gélatine réhydratée et essorée, mélangez, puis chinoisez en versant le mélange chaud en plusieurs fois sur le chocolat a b c d.

5 Dans un saladier, fouettez la crème liquide en chantilly, puis incorporez-la à la mousse au chocolat dès que celle-ci est retombée entre 40 et 45 °C. Transférez dans une poche à douille et réservez au frais.

6 Préparez l'enrobage gourmand : torréfiez les amandes hachées dans une poêle à feu vif. Faites fondre le chocolat, puis ajoutez-y l'huile de tournesol et les amandes torréfiées. Réservez au frais.

f

g

7 Préparez la ganache au chocolat au lait : faites chauffer la moitié de la crème et versez-la sur le chocolat. Ajoutez la gélatine réhydratée et essorée, puis mixez le tout. Ajoutez le reste de la crème froide, puis mixez de nouveau. Transvasez dans une poche à douille Saint-Honoré et réservez au moins 1 nuit au réfrigérateur.

8 Préparez le croustillant au riz soufflé : faites fondre le chocolat avec le beurre. Incorporez le sel, puis le riz soufflé. Étalez le mélange sur un biscuit ⓔ, puis recouvrez avec le second biscuit ⓕ.

9 Le jour même, tapissez un des cercles de Rhodoïd et filmez-le pour lui créer un fond. Réalisez le montage à l'envers : commencez par remplir à moitié le cercle de mousse bavaroise. Avec une spatule, plaquez-la le long de la paroi du cercle pour éviter d'avoir des bulles d'air ⓖ.

10 Enfoncez l'insert au biscuit et riz soufflé à hauteur du cercle ⓗ, remplissez le pourtour de mousse, lissez, puis placez au moins 4 h au congélateur.

11 Une fois l'entremets congelé, retournez-le sur un plat, décerclez et retirez le Rhodoïd et le film alimentaire. Enrobez-le avec l'enrobage gourmand ⓘ (réchauffé à 40 °C et versé dans un grand saladier), puis pochez dessus la ganache au chocolat au lait ⓙ.

#CONSEIL **Lorsque vous ajoutez l'insert dans la mousse, faites un mouvement circulaire en appuyant de façon à faire ressortir toutes les bulles d'air.**

h

i

j

POUR 8 PERSONNES
PRÉPARATION : 1 H 30
CUISSON : 15 MIN
RÉFRIGÉRATION : 1 NUIT
CONGÉLATION : 1 H 05

ROULÉ À LA PÊCHE

- 1 pêche fraîche en lamelles

INSERT À LA PÊCHE

- 300 g de pêches
- 30 g de sucre
- 5 g d'agar-agar

GANACHE À LA VANILLE

- 450 g de crème liquide à 30 % de MG
- 1 gousse de vanille
- 200 g de chocolat blanc
- 1 feuille de gélatine (2 g)

BISCUIT JOCONDE

- 170 g d'œufs (3-4 œufs)
- 130 g de sucre glace
- 130 g d'amandes en poudre
- 35 g de farine
- 30 g de beurre fondu
- 100 g de blancs d'œufs (3 blancs)
- 25 g de sucre

MATÉRIEL SPÉCIFIQUE

◊ Poches à douilles (unie, cannelée)

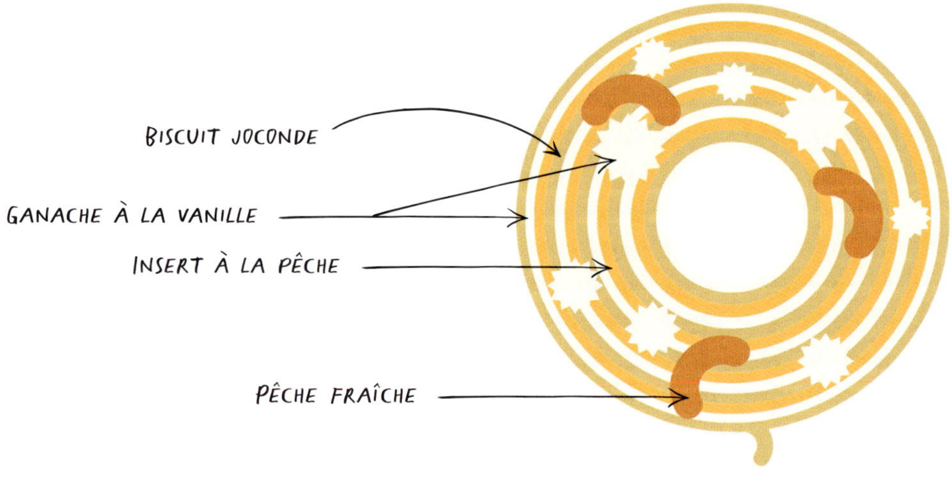

“ Se donner du mal pour les petites choses, c’est parvenir aux grandes, avec le temps. ”

1 La veille, préparez l'insert à la pêche : faites chauffer les pêches coupées en morceaux 10 min à feu doux dans une casserole. Ajoutez le sucre et l'agar-agar en pluie tout en fouettant. Faites bouillir 5 min, puis réservez au réfrigérateur.

2 Préparez la ganache à la vanille : faites chauffer la moitié de la crème avec la gousse de vanille fendue en deux et grattée. Versez le tout sur le chocolat haché, retirez la gousse puis mixez.

3 Ajoutez le reste de la crème froide, puis mixez de nouveau. Filmez au contact et réservez au moins 1 nuit au réfrigérateur.

4 Le jour même, préparez le biscuit Joconde : préchauffez le four à 180 °C. Fouettez les œufs, le sucre glace, les amandes en poudre et la farine pendant environ 10 min. Incorporez 2 c. à soupe de ce mélange dans le beurre, puis reversez le tout dans le saladier et mélangez.

5 Fouettez les blancs d'œufs avec le sucre semoule. Mélangez les deux préparations vigoureusement, puis étalez la pâte régulièrement sur une plaque tapissée de papier cuisson. Enfournez pour 8 à 10 min. Laissez refroidir complètement.

f

g

h

6 Procédez au montage : une fois le biscuit bien refroidi, étalez dessus l'insert à la pêche et lissez avec une spatule **a**. Placez le tout 30 min au congélateur.

7 Montez la ganache au fouet jusqu'à ce qu'elle se tienne et soit lisse et brillante, puis étalez-en les trois quarts sur l'insert à la pêche, étalez bien à la spatule **b**. Placez 20 min au congélateur et réservez le reste de ganache au frais dans deux poches à douilles (unie et cannelée).

8 Détaillez tout le tour du biscuit pour obtenir des bords nets puis découpez-le en bandes de 4,5 cm de largeur **c**. Veillez à ce que le biscuit soit bien froid pour ne pas mélanger les couches à la découpe, et à bien nettoyer le couteau après chaque bande découpée.

9 Une fois toutes les bandes découpées, replacez-les 15 min au congélateur afin de ne pas les casser lorsque vous allez les manipuler pour former l'entremets, puis enroulez les bandes sur elles-mêmes en un gros escargot **d**. Serrez délicatement mais n'appuyez pas trop pour ne pas les écraser **e**. Une fois toutes les bandes roulées, pochez dessus quelques boules de ganache **f** et décorez de lamelles de pêche **g** **h**.

#CONSEIL **Veillez à ce que le biscuit ne soit pas trop cuit. Dans le cas contraire, placez un chiffon humide dessus pour le ramollir et pouvoir le rouler. La couche de l'insert à la pêche doit être bien froide, presque congelée, de façon à ce que les couches ne se mélangent pas lorsque vous étalez la ganache.**

Ça claque en saveurs !

J'ai plusieurs goûts préférés – ou du moins plusieurs associations de goûts préférées – qui ne le sont pas forcément pour leurs saveurs propres, mais aussi pour leur histoire, leurs souvenirs et leurs émotions.

Pour commencer, j'adore le **PRALINÉ NOISETTE.**

On peut même élargir à tous les pralinés, sans distinction. Cela me vient de mon apprentissage chez Pascal Caffet, où je me suis découvert un réel amour pour ce produit transformé. J'en ai fait le sujet de mon mémoire de BTM : 40 pages que j'ai pris grand plaisir à soutenir, pour partager ma passion avec des professionnel du métier. C'est à mon sens le produit le plus gourmand qui puisse exister.

> **« Le praliné est composé de sucre, de fruits secs et d'un ingrédient secret… beaucoup d'amour ! »**

Je ne vais pas vous laisser ainsi sans une petite méthodo applicable à tous les pralinés : la meilleure façon de le réaliser est de commencer par faire un beau caramel clair. On y ajoute ensuite des fruits secs (noisette, pistache, amande, graine de courge, noix de cajou, comme vous voulez !) qu'on enrobe bien de caramel. Le sucre va naturellement « masser » puis refondre pour devenir un caramel brun. Après avoir laissé cuire encore un peu, on verse le tout sur une plaque tapissée de papier cuisson (ça va s'étaler) de façon à faire refroidir le praliné. Une fois bien froid, il ne reste plus qu'à le mixer pour obtenir le fameux praliné liquide qu'on aime tant !

> **« La présence du praliné noisette dans le Paris-Brest explique très certainement que ce soit mon gâteau préféré ! »**

J'adore également l'association **PISTACHE-FRAMBOISE.**

Et je suis sûr de ne pas être le seul ! La saveur douce de la pistache s'accorde avec la note fruitée de la framboise et sa légère acidité, pour un équilibre parfait.

En plus d'associer des saveurs incroyables, ce mariage est visuellement 100 % réussi : le vert légèrement rosé de la pistache offre un superbe contraste avec le rose flamboyant, à la limite du rouge, de la framboise ! Et on peut jouer avec les différentes couleurs et textures qu'offre la pistache : nature, entière ou concassée, en praliné, en ganache... pour se renouveler à chaque pâtisserie !

Enfin, je dirais que le **CITRON** fait aussi partie de mon podium.

Notamment pour son pep's, je trouve les pâtisseries citronnées instantanément plus fraîches et plus légères, même s'il n'est pas toujours facile de travailler ce fruit compte tenu de son acidité.

> **« Le citron se marie avec énormément d'arômes originaux tels que le basilic, la menthe, la coriandre... »**

Il peut lui aussi se décliner sous différentes formes, ce qui le rend d'autant plus riche. Le fruit frais se savoure en suprêmes, en jus ou en zestes, tandis que le fruit transformé peut se retrouver dans les gelées, crèmes, ganaches... Tout ce qu'il faut pour jouer avec les formes, les couleurs, les goûts et textures !

POUR 6 PARIS-BREST
PRÉPARATION : 2 H
CUISSON : 45 MIN
CONGÉLATION : 20 MIN

PARIS-BREST

- Sucre glace
- 120 g de praliné maison (voir p. 58, étapes 1 à 4)

PÂTE À CHOUX

- 125 g de lait
- 125 g d'eau
- 5 g de sucre semoule
- 5 g de sel
- 110 g de beurre
- 135 g de farine
- 250 g d'œufs (5 œufs)
- Amandes concassées

CRÈME MOUSSELINE AU PRALINÉ

- 420 g de lait entier
- 2 feuilles de gélatine (4 g)
- 75 g de jaunes d'œufs (4 jaunes)
- 75 g de sucre
- 40 g de poudre à crème
- 220 g de beurre
- 240 g de praliné maison (voir p. 58, étapes 1 à 4)

MATÉRIEL SPÉCIFIQUE

◊ Poches à douilles (petits fours, unie)

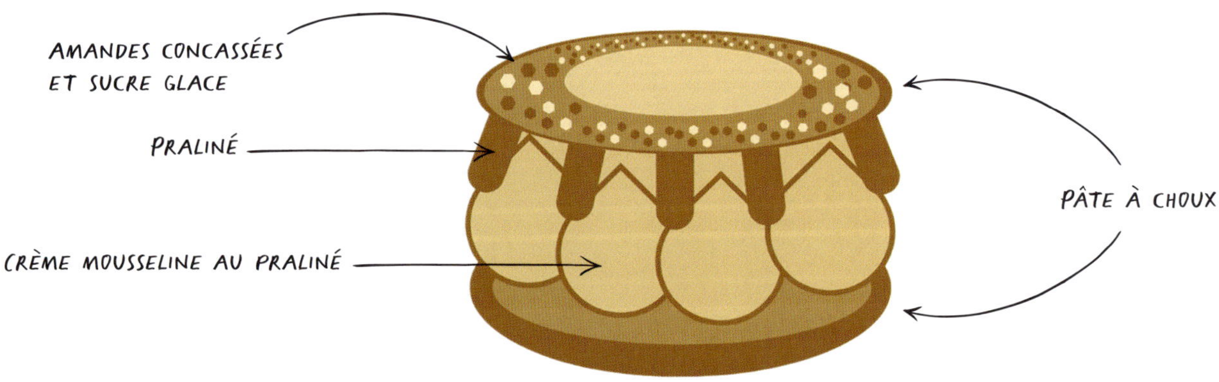

“ 100 % des choses
qu’on ne tente pas
échouent, alors mets-toi
aux fourneaux ! ”

a

b

c

d

e

1 Préchauffez le four à 180 °C en chaleur statique. Préparez la pâte à choux : dans une casserole, versez le lait, l'eau, le sucre, le sel et le beurre. Faites bouillir, puis incorporez la farine (a). Desséchez la pâte à choux pendant 1 min sur le feu en remuant énergiquement à l'aide d'une cuillère en bois (b) (c) jusqu'à ce qu'elle se décolle complètement des parois. Transvasez dans un saladier et ajoutez ensuite les œufs un par un en mélangeant entre chaque ajout pour bien incorporer le précédent.

2 Une fois la pâte à choux à bonne consistance (elle doit former un ruban) (d), transvasez-la dans une poche à douille petits fours et pochez 6 Paris-Brest (il faut pocher le gâteau extérieur, puis celui qui servira d'insert) : pour le gâteau extérieur, pochez un premier boudin (ø 8 cm), puis un deuxième plus grand collé à l'extérieur, et enfin un troisième à cheval sur les deux précédents (e) (f). Parsemez d'amandes concassées (g). Pour l'insert, pochez un seul boudin (ø 3 cm).

3 Enfournez pour environ 40 min. Au bout de 15 min, ouvrez la porte 2 s afin de retirer toute l'humidité présente dans le four. Laissez complètement refroidir.

4 Pendant ce temps, préparez la crème mousseline au praliné : faites bouillir le lait et réhydratez la gélatine.

5 Fouettez les jaunes d'œufs avec le sucre et la poudre à crème jusqu'à ce que le mélange blanchisse. Versez le lait bouillant dessus, mélangez, puis reversez le tout dans la casserole et faites cuire 3 min sans cesser de fouetter.

6 Incorporez la gélatine essorée, 100 g de beurre et le praliné, puis transvasez dans un saladier, filmez au contact et réservez 20 min au congélateur.

7 Une fois la crème refroidie, faites-la tiédir sur feu doux, puis incorporez-y le reste du beurre pommade au fouet à vitesse moyenne et montez la crème au moins pendant 5 min, jusqu'à ce qu'elle se tienne et soit lisse et brillante. Attention à ne pas monter trop haut en vitesse, cela risquerait de liquéfier le mélange. Transvasez-la dans une poche à douille munie d'une douille à petits fours.

8 Procédez au montage : coupez les grandes couronnes en deux dans l'épaisseur. Coupez les petites couronnes en deux dans la hauteur (pour former 2 petites anses). Garnissez les petites demi-couronnes de praliné.

9 Garnissez la base des grandes couronnes d'une couche de praliné, puis déposez dessus deux demi-petites couronnes (voir page suivante). Pochez ensuite la crème mousseline au praliné, décorez de bandes de praliné entre chaque boule de crème mousseline et d'amanches concassées **h**.

10 Saupoudrez le chapeau de sucre glace, puis placez-le sur le Paris-Brest.

#CONSEIL **Lors de la réalisation de la crème mousseline, si jamais elle tranche lorsque vous ajoutez le beurre, faites-la légèrement chauffer à l'aide d'un chalumeau et elle redeviendra toute lisse !**

REMERCIEMENTS

Par qui et par où commencer ?

Ce livre est pour moi l'occasion de remercier non seulement ceux qui m'ont aidé à l'écrire, mais également ceux qui m'ont aidé à pouvoir l'écrire !

Je souhaite remercier Thiébault Brunner, la première personne qui m'a fait confiance, qui m'a offert la chance de me lancer en pâtisserie et qui m'a transmis toutes les belles valeurs de ce milieu à *La Chocolatière*. Il a toujours été (et sera toujours) un modèle de bienveillance.

Même si cela ne s'est pas forcément passé comme j'aurais pu le penser, je remercie l'entreprise Lederf à Vitré, qui m'a fait mûrir aussi bien professionnellement que personnellement.

Je souhaite également remercier M. Caffet et M. Blandin, deux professionnels passionnés par leur métier : la réussite de leur entreprise est le fruit de cette passion, et je souligne leur détermination qui ne leur a jamais fait baisser les bras !

Je remercie mille fois ma petite sœur Léa, je n'en ai qu'une, de toutes manières, et ça me suffit ! Elle m'a soutenu et aidé dans la création de mon site et de mes boxs à partir de la première minute où je lui en ai parlé !

Un grand merci à toutes les personnes - Nicolas, Clément, Remi, Gabrielle, Lancelot - qui m'ont aidé à mes débuts, à confectionner les boxs dans mon salon pendant près de 2 ans, et plus particulièrement Christophe et Laure.

Je remercie aussi Julien, mon imprimeur, qui fait un travail du tonnerre sur mes boxs et mes livrets, et qui m'a également beaucoup aidé au tout début de l'aventure !

Une pensée spéciale pour Daniel, de EpicSweetCakes, avec qui j'ai pu réaliser d'incroyables projets comme les 20 ans de Inoxtag, ou bien le premier gâteau de France en forme d'humain en trompe l'œil à l'occasion des 50 ans de Cauet, et bien d'autres ! Ce n'est que le début !

Je remercie enfin toute l'équipe Larousse qui m'a accompagné et écouté tout au long de ce projet, particulièrement Marion pour ses fins conseils ! Mais aussi Valéry pour ses superbes photos, Séverine pour sa patte d'artiste styliste culinaire, Aurélie pour son aide sur le shooting et les graphistes qui ont donné forme à ce livre !

Et pour finir je remercie mes parents qui m'aident quotidiennement depuis le début de mon aventure et sur tous mes projets, sans qui je n'aurais pas pu faire la moitié de ce que j'ai accompli aujourd'hui !

DORIAN

GLOSSAIRE
LE DICO DU PÂTISSIER

En pâtisserie, on emploie souvent un vocalubaire particulier : des expressions et des mots très précis, pour décrire des actions ou des outils bien spécifiques. Ce vocabulaire a tendance à se glisser discrètement dans les pages de nos livres, mais il manque parfois quelques explications pour bien le comprendre. Voici un petit dico du pâtissier, pour ne pas vous faire embrouiller !

Au contact (filmer) : appliquer un film alimentaire directement au contact d'une préparation pour éviter son oxydation, ou la formation d'une croûte.

Beurre pommade : beurre à température ambiante travaillé à la spatule jusqu'à ce qu'il ait la texture d'une pommade (ni solide, ni liquide).

Billes de cuisson : petits poids de céramique permettant de lester une pâte crue pour la faire cuire sans qu'elle ne gonfle. Peuvent être remplacés par des légumineuses sèches (haricots, fèves...).

Blanchir : fouetter une préparation jusqu'à ce que le mélange blanchisse et devienne mousseux. Cette opération influera sur la texture d'un biscuit une fois cuit.

Bouler : former une boule de pâte en la roulant à la main sur un plan de travail.

Chinoiser : passer une préparation (crème, jus, mousse...) qui comporte des morceaux, des graines ou des impuretés au chinois.

Croûter (laisser) : laisser un pâton (pain, brioche...) ou une préparation (flan...) commencer à se dessécher à la surface, à l'air libre.

Décuire : rajouter de l'eau au cours de la cuisson d'un sucre pour le ramener à une température de cuisson inférieure.

Dégazer : chasser et répartir l'air accumulé dans une pâte lors de la fermentation en l'écrasant avec la paume de la main.

Détailler : avec un couteau, un découpoir ou un emporte-pièce, couper des formes dans une pâte étalée.

Feuille : accessoire de robot pâtissier, aussi appelé « batteur plat », qui permet de mélanger toutes les préparations pour une consistance allant de normale à épaisse.

Foncer : garnir un moule ou un cercle de pâte pour constituer un fond et/ou des bords de tarte.

Ganache : mélange de crème et/ou de lait et/ou de beurre et de chocolat servant à garnir une pâtisserie.

Insert : préparation (compotée, gel, crémeux...) que l'on intègre dans une pâtisserie, souvent au moment du montage, pour lui apporter un goût et/ou une texture complémentaire.

Macaronner : travailler énergiquement la pâte à macarons pour l'assouplir, la rendre lisse et brillante ; sans la rendre liquide.

Maryse : spatule souple permettant de mélanger une préparation délicatement ou de racler les parois d'un récipient.

Montage : ultime étape de réalisation d'une pâtisserie, où l'on associe ensemble toutes les préparations précédentes pour lui donner sa forme finale.

Parer : couper proprement au couteau les extrémités d'un biscuit ou d'un entremets pour une finition propre et nette.

Pocher : dresser avec une poche à douille une pâte à choux, des sablés, des meringues, des crèmes...

Pointer (laisser) : laisser fermenter une pâte après pétrissage, juste avant le façonnage.

Rhodoïd : matière plastique souple (feuille transparente) utilisée pour chemiser des cercles ou moules à pâtisserie et faciliter le démoulage.

Trancher : lorsque l'on monte une crème au fouet, il arrive qu'un liquide se sépare de la préparation : elle a tranché.

INDEX DES RECETTES
PAR INGRÉDIENTS

INDEX DES RECETTES
PAR TYPE DE PÂTISSERIE

CRÉDITS DES PHOTOGRAPHIES
© Shutterstock : p. 26, 27, 45, 100 (h), 144, 145.

CRÉDITS DES ILLUSTRATIONS
© Dorian Tudeau, Le Coin du Pâtissier.

CRÉDITS DES CITATIONS
p. 23 : d'après Paulo Coelho ; p. 29 : d'après Didier Hallégée ; p. 40 : d'après Paul Bocuse ; p. 48 : John Kennedy ; p. 51 : d'après Albert Schweitzer ; p. 53 : d'après Paulo Coelho ; p. 54 : Henry Ford ; p. 58 : Xavier Dolan ; p. 60 : Sorbet : Benjamin Franklin ; p. 66 : Ralph Waldo Emerson ; p. 73 : Oscar Wilde ; p. 77 : Alphonse Daudet ; p. 97 : Nelson Mandela ; p. 103 : Johann Wolfgang von Goethe ; p. 115 : Barbra Streisand ; p. 141 : Samuel Beckett.

Direction de la publication : Isabelle Jeuge-Maynart et Ghislaine Stora
Direction éditoriale : Émilie Franc
Direction artistique : Géraldine Lamy
Édition : Marion Dellapina assistée de Mathilde Pichon
Couverture et conception graphique : Valentine Antenni
Adaptation graphique et mise en pages : Émilie Laudrin
Préparation de copie : Laurence Alvado
Correction sur épreuves : Julie Mège
Fabrication : Émilie Latour

Les Éditions Larousse utilisent des papiers composés de fibres naturelles, renouvelables, recyclables et fabriquées à partir de bois issus de forêts qui adoptent un système d'aménagement durable. En outre, les Éditions Larousse attendent de leurs fournisseurs de papier qu'ils s'inscrivent dans une démarche de certification environnementale reconnue.

ISBN : 978-2-03-604099-1
Photogravure Nord Compo
Imprimé en Espagne par Estella Graficas
Dépôt légal : septembre 2022
331736/01 – 11051004 – août 2022

PAPIER À BASE DE FIBRES CERTIFIÉES

LAROUSSE s'engage pour l'environnement en réduisant l'empreinte carbone de ses livres. Celle de cet exemplaire est de :
1,6 kg éq. CO_2
Rendez-vous sur www.larousse-durable.fr